Der erste Schritt …

in die finanzielle Unabhängigkeit

Der Finanzmarkt bietet dem Privatanleger eine Vielzahl an Kapital-anlagen. Doch kaum jemand weiß, wie diese wirklich funktionieren. Dieses Buch öffnet dem Verbraucher die Augen und zeigt, was Banken, Versicherungen und Bausparkassen ihren Kunden verschweigen und zeigt Wege aus diesem Dilemma. Es zeigt auf, wie die großen Institutionen ihr Geld - mit dem Geld ihrer Kunden – verdienen. Es beschreibt den erfolgreichen Weg für den Privatanleger in diese lukrative Welt des Premiummarktes und die vielen Chancen, an diesen hohen Gewinnen teilzuhaben. Ein wahrhaft werthaltiges Buch.

Der erste Schritt ...

in die finanzielle Unabhängigkeit

© 2008   Johann SAMSON

2. Auflage Januar 2010

Herstellung und Verlag :
Books on Demand GmbH
Norderstedt

ISBN : 978-3-8370-8004-9

Bibliografische Information der Deutschen Nationalbibliothek:
Die Deutsche Nationalbibliothek verzeichnet diese
Publikation in der Deutschen Nationalbibliografie; detail-
lierte bibliografische Daten sind im Internet über
http;//dnb.d-nb.de abrufbar.

Inhaltsverzeichnis

Inhaltsverzeichnis

Seite

„Es ist wichtiger,
einen Tag im Monat
über seine Geldanlagen
nachzudenken, als
30 Tage zu arbeiten.“

John D. Rockefeller

Vorwort

Verehrte Leserin, verehrter Leser,

dieses Buch ist keine Beschreibung, wie Sie in wenigen Wochen oder Monaten Millionär werden können. Sie finden im Internet so viele „schnell-reich-werden"-Anlageangebote, dass man sich sicher mit Recht fragt, warum es überhaupt noch Menschen gibt, die nicht reich sind. Ich habe in den letzten 24 Jahren als Finanzdienstleister noch Niemanden kennen gelernt, der mit den dort angebotenen Anlageformen wirklich reich geworden ist.

Die meisten Menschen, die auf solche Angebote eingegangen sind, haben ihr Geld verloren. Ich möchte Ihnen hier jedoch nicht von den meistens sehr leicht zu durchschauenden, unglaublich klingenden Angeboten berichten, sondern zeige Ihnen auf, wo selbst bei scheinbar seriösen Angeboten sehr viel Geld verschenkt werden kann. Und leider auch wird. Und wie man dieses verhindern kann.

Glauben Sie, dass zum Beispiel Ihre Hausbank ihr eigenes Geld bei einer Versicherung anlegt, um das Geld zu vermehren, oder die Versicherungen ihre Prachtbauten mit Hilfe von Bausparverträgen finanzieren ?

Nach der Lektüre dieses Buches werden Sie schlauer sein, werden Sie über mehr Wissen verfügen, mehr Hintergründe kennengelernt haben und neue Erkenntnisse erlangt haben, die es Ihnen erlauben werden, in Zukunft deutlich mehr aus Ihrem Geld zu machen.

Ich wünsche Ihnen eine interessante Lektüre und würde mich freuen, wenn Sie zukünftig dieses erworbene Wissen nutzen, um Ihre persönliche, finanzielle Unabhängigkeit zu erlangen und somit in Zukunft ein finanziell erfülltes Leben und später einen gesicherten Ruhestand genießen können.

Johann Samson

„Selbst der weiteste Weg beginnt mit dem ersten Schritt!"

(Johann Wolfgang von Goethe)

Das liebe Geld

„Über Geld spricht man nicht. Man hat es, oder hat es nicht."
Deutsche Weisheit

Seit der Währungsreform nach dem Ende des letzten Krieges, ist die Sorge um das liebe Geld und die Angst um das tägliche Auskommen nicht mehr so groß gewesen, wie es heute ist.

Die Umstellung von der DM zum Euro ist für die meisten Menschen mit finanziellen Nachteilen verbunden gewesen. Nur wenige Fachleute und Politiker wagen es, öffentlich laut darüber zu sprechen, dass auch dies eine versteckte Währungsreform gewesen ist, mit all den Folgen, die so etwas mit sich bringt. Man hat es uns nur anders verkauft.

In vielen Bereichen des täglichen Lebens kosten die Waren heute in Euro das gleiche, was sie früher in DM gekostet haben. Die Preise für Benzin und Heizöl explodieren und die Kosten für Energie steigen ins Unermessliche. So fällt es schwer, die von der Regierung veröffentlichen Inflationszahlen des Statistischen Bundesamtes zu glauben.

 Der ehemalige Arbeitsminister Norbert Blüm hat einmal gesagt, unsere Rente sei sicher. Möglicherweise hat er nicht einmal gewusst, wie sehr er Recht gehabt hat. Nur kann und wird uns Niemand sagen, wie hoch unsere Rente einmal sein wird.

Ein kurzes Zitat aus einem Bericht der Bundesregierung:

„Die Altersarmut kann mit den bisherigen politischen Steuerungselementen nicht verhindert werden!"

Die große Politik gesteht hiermit freimütig ihr Versagen ein.

Vieles, an das der Bundesbürger einmal fest geglaubt hat und worauf er vertraut und gebaut hat, gerät ins wanken. Er muss erkennen, dass der Staat nicht mehr in der Lage ist, all die Dinge zu finanzieren, die bisher Grundlage seiner Überzeugung waren. Man denke hier nur an die gestiegenen Eigenleistungen bei den Medikamenten, der Praxisgebühr, geringere Zuzahlungen für Brillen und Zahnersatz. Man mag bezweifeln, dass eine ausreichende ärztliche Versorgung in Zukunft für den Pflichtversicherten gegeben sein wird und ein finanziell gesicherter Ruhestand gewährleistet ist.

Man verlangt von jedem Bürger eine höhere Eigenleistung zur Absicherung seines heutigen Lebensstandards und seines Ruhestandes. Und das zu einem Zeitpunkt, wo die Mittel, die hierfür notwendig sind, aufgrund der steigenden Kosten und der geringen Lohnsteigerungen immer knapper werden.

Doch zum Glück gibt es ja die Lebensversicherungen und Bausparkassen, die uns mit millionenschwerer Werbung glauben machen will, dass diese Probleme mit ihrer Hilfe zu lösen wären.

Man muss nur fest genug daran glauben !

Die Lehre unserer Eltern

Von ihren Eltern und Großeltern haben die meisten Menschen gelernt, dass man für das Alter eine Lebensversicherung abschließt und für einen eventuellen Wunsch, ein eigenes Haus zu bauen, am besten einen Bausparvertrag anspart. Also hat man an der Erfahrung und dem Wissen dieser Vertrauenspersonen geglaubt und sich diesen Rat zu eigen gemacht.

Über 94 Millionen kapitalbildende Lebensversicherungen und mehr als 35 Millionen Bausparverträge (Stand 2010) beweisen diese These sehr deutlich. Nebenbei sollte natürlich noch ein Sparbuch vorhanden sein.

Das Tragische an dieser Sache ist nur, dass es Zeiten gegeben hat, wo es noch sinnvoll erschien, diese Sparformen wirklich zu wählen. Lebensversicherungen versprachen Renditen von 7 - 8% und auf Bausparverträge gab es 25% Wohnungsbauprämie.

Anscheinend zehren die Versicherungsgesellschaften teilweise noch heute von dem guten Image vergangener Zeiten. Auch als die „Vermögenswirksamen Leistungen" eingeführt wurden, förderte der Staat diese Sparformen noch mit der sogenannten Arbeitnehmer Sparzulage.

verbraucherzentrale *Hamburg*

Kapitalbildende Lebensversicherungen sind „legaler Betrug"

Wer weiß schon, dass der Verbraucherschutz „Bund der Versicherten " (**BdV**) und die **„Verbraucherzentrale Hamburg"** mit höchstrichterlicher Genehmigung (*Oberlandesgericht Hamburg*) diese Anlagen schon seit Mitte der 80er Jahre als "**legaler Betrug**" bezeichnen darf. Keine der mächtigen Versicherungsgesellschaften hat es erwirken können, diese Aussage zu verbieten.

Es wurde sogar von Seiten der Versicherungen Revision gegen dieses Urteil eingelegt, jedoch wegen Mangels auf Aussicht auf Erfolg zurückgezogen. Das sollte doch jedem Anleger zu denken geben, oder ?

Welcher Anleger kennt die Höhe der Kosten, die seine Versicherung von den Sparbeiträgen abzieht ? Sie liegen laut in unregelmäßig stattfindenden Untersuchungen des Branchenreports „mapreport" etwa zwischen 20 und über 50% und sind von den Gesellschaften jedes Jahr wieder neu festzustellen.(*steht so in den AGB´s*)

Hat sich Mitte der 80er-Jahre der reine Sparanteil, also der Rest des Beitrages, der nach Abzug der Kosten noch übrig blieb, mit garantiert 4,5% verzinst, ist der Garantiezins heute bis auf 2,25% gesunken. Er hat sich also halbiert. Die effektive Rendite beträgt zur Zeit bei neu abgeschlossenen Lebensversicherungen kaum mehr als 1,5 – 2 %.

Seit auch noch das Steuerprivileg gefallen ist, gibt es zumindest einen Ansatz von Erkenntnis bei den Anlegern. Etwa 100.000 Lebensversicherungen werden jeden Monat gekündigt und in andere, lukrativere Anlageformen umgeschichtet.

Doch selbst hierbei machen einige Versicherungen noch kräftig Gewinne, in dem sie den Versicherten zu Stilllegung des Vertrages raten. Die hohen Kosten, die hier wieder entstehen, verringern sein Guthaben sofort und der Vertrag wird weiterhin mit den Verwaltungskosten Jahr für Jahr belastet. Nur wenige Finanzdienstleister zeigen den Betroffenen einen kostengünstigen Weg aus diesem Dilemma.

Verbraucherschützer warnen

Deshalb ist es auch nur zu verständlich, wenn Verbraucherschutzverbände, wie zum Beispiel der **„Bund der Versicherten"** und der **„Bund der Sparer"** ebenso wie eine Reihe von **Verbraucherzentralen** sagen :

Schnell wieder raus aus
unsinnigen Lebens- und
Rentenversicherungen
zur Altersvorsorge !

In einer Informations - Broschüre des **BdV** stand :

Es geht um Tausende oder Zehntausende von Euro, die Sie verlieren können, wenn Sie eine falsche Versicherung zur privaten Altersvorsorge oder eine „Riester-Rente" abgeschlossen haben ....

Man wünsche sich, dass diese Warnungen mehr Gehör fänden. Auch die von den Versicherungen angebotenen fondsgebundenen Lebens – und privaten Rentenversicherungen erzielen kaum mehr Rendite. Wie hoch müssen denn auch die Gewinne im Wertpapierbereich sein, um die hohen Kosten der Versicherungen auszugleichen und auf eine vernünftige Rendite für ihre Kunden zu kommen ? Solche Fragen kann man sich auch ohne Taschenrechner beantworten. Doch erst einmal müssen solche Fragen gestellt werden.

Wer weiß, dass immer weniger Versicherungen noch einen nennenswerten und in die Hochrechnungen einbezogenen Schlußüberschußanteil auszahlen? Die Tatsache, dass einer der größten Versicherungsaufkäufer von den weit über hundert Gesellschaften nur noch von etwa 40 Versicherungsunternehmen Policen ankauft , spricht doch wohl eine deutliche Sprache.

Wer von den Versicherungssparern weiß, dass die Versicherungsbranche nach der Pleite der „Mannheimer Lebensversicherung" die „Protektor", eine Versicherung der Versicherungen, gegründet hat, die Beiträge hierzu aber zu Lasten der Versicherten gehen? Wir sprechen hier von 5% Kosten. Die Protektor soll die Pleite einer eventuellen, weiteren Gesellschaft auffangen. Bezahlen dürfen dies die Kunden.

Dann gibt es sogar noch Versicherungssparer, die glauben, dass durch Ihre Einzahlungen, also ihre monatlichen Beiträge, die Ablaufleistung ihrer Versicherung, also der zu erwartende Auszahlungsbetrag, von Jahr zu Jahr steigt.

Es ist sicherlich für viele schwer vorstellbar, dass dies nicht immer stimmt. Doch liegen den Versicherten die jährlich versendeten Mitteilungen der Gesellschaften in der Regel vor.

Ich möchte Ihnen auf der nächsten Seite einmal interessante Beispiele zweier namhafter deutscher Versicherer, stellvertretend für eine Vielzahl für ähnliche Fälle, zeigen.

Der freie Fall

Prognostizierte Ablaufleistung - Allianz und Victoria

Die Versicherer selbst belegen unsere Aussagen mit den Mitteilungen, die sie jährlich an Ihre Kunden verschicken, zu der „prognostizierten Ablaufleistung". Die so genannte „prognostizierte Ablaufleistung" gibt an, wie viel Geld der Versicherte am Ende der Laufzeit voraussichtlich zu erwarten hat. Diese Werte sind in den letzten Jahren von vielen Gesellschaften kontinuierlich nach unten korrigiert worden, wie zwei Kundenbeispiele zeigen, die wir hier für sie kurz näher erläutern wollen:

Die prognostizierten Ablaufleistungen eines Victoria-Kunden haben sich laut Schreiben der Versicherung von 103.257 € im Jahre 2000 auf 46.931 € im Jahre 2003 reduziert!

Also in nur 4 Jahren mehr als halbiert - und das, obwohl der Kunde durch die Dynamik jedes Jahr mehr Beitrag zahlt !

Uns liegen ähnliche Zahlen von fast allen großen deutschen Versicherungen vor! Bei der Allianz verhält sich die **prognostizierte Ablaufleistung** eines Kunden wie folgt:

2001:	131.468 €	**2002:**	116.628 €
2003:	87.000 €	**2004:**	78.100 €

Der Kunde zahlte übrigens 257 € monatlich. Der Ablauf war in 2028. 2004 hätte er also noch 24 Jahre einzuzahlen gehabt. Bei einem monatlichen Beitrag von 257 € hätte er also noch 74.000 € einzuzahlen. Selbst wenn man nur die Einzahlungen der Jahre 2001 bis 2003 dazu addiert, hätte der Kunde also **deutlich über 83.000 € einbezahlt** und somit einen **Verlust von über 5.000 €** erlitten.

Interessanterweise ist der Gewinn der **Allianz Lebensversicherung** (also nicht Konzern, sondern reines Lebensversicherungsgeschäft) laut Geschäftsbericht 2004 von 459 Mio. € in 2001 auf 1.336 Mio. € in 2004 gestiegen.

Während also die Versicherten die Ablaufleistungen innerhalb weniger Jahre um über 40% gekürzt bekommen haben, hat sich der Gewinn des Unternehmens in derselben Zeit fast verdreifacht!

Die größte Unverschämtheit ist, dass die Versicherungen die gesunkenen Prognosen gerne mit den schlechten Aktienmärkten begründen. Die Wahrheit sieht anders aus: Der DAX hatte 2003 eines der erfolgreichsten Jahre der Nachkriegsgeschichte (wenn nicht das erfolgreichste).

Er ist von seinem absoluten Tief bei 2.202 Zählern im Februar 2003 bis Ende 2003 um rund 80% auf etwa 4.000 Zähler gestiegen. Zwischenzeitlich (Dez 2007) stand der Dax wieder bei fast 8.000 Zählern (rund +360% in nur knapp 5 Jahren). Somit können die Aktien wohl kaum an den reduzierten Prognosen Schuld sein, denn dann hätten die Prognosen ja spätestens 2004 wieder steigen müssen!

Schauen Sie sich Ihre eigenen Mitteilungen, die Ihnen die Versicherungen Jahr für Jahr zukommen lassen, an.

Sind die Werte gestiegen ? Sehen Sie, ich möchte hier keine Schwarzmalerei betreiben, deshalb ist es sicherlich auch für Sie von Vorteil, dass Sie sich selbst von den in diesem Buch genannten Fakten überzeugen können.

Ich habe Kunden kennengelernt, die glaubten, sie hätten die Briefe in der falschen Reihenfolge abgeheftet.

Was soll man denn auch von solchen Entwicklungen halten ? Hier abschließend noch ein weiteres Beispiel der Allianz :

Prognose der **Ablaufleistung**

am 1.10.**1998** : **243.199,- Euro**

am 1.11.**2001** : **241.997,- Euro**

am 1.10.**2002** : **218.410,- Euro**

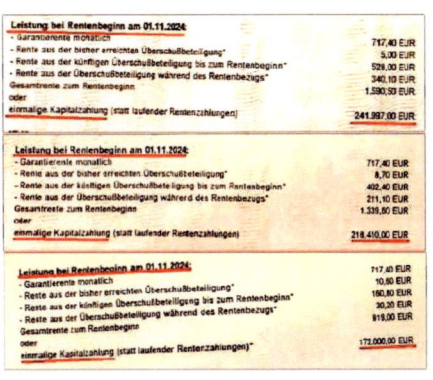

am 1.10.2003 : **172.000,- Euro**

lt. telefonischer   Auskunft
am 28.1.**2004** : **153.000,- Euro**

Verlust für Kunden   **90.199,- Euro**

Dem Kunden wird hier mitgeteilt, dass seine zu erwartende Ablaufsumme statt der ursprünglich versprochenen 243.199,- Euro nun **um 37,1 % geringer ausfallen wird.**

Diese Entwicklung ist übrigens nicht auf die kapitalbildende Lebensversicherung beschränkt. Die Entwicklung der privaten Rentenversicherung und der deutschen fondsgebundenen Lebens- und Rentenversicherungen sieht nicht viel anders aus. Schuld hieran sind unter Anderem die sehr hohen Kostenstrukturen der Versicherungsgesellschaften.

Kennen Sie die Kostensätze Ihrer Versicherungen ? Es wird Ihnen auch Niemand von den Gesellschaften hierüber eine genaue Auskunft geben, nicht wollen, aber auch nicht können, denn die Kosten werden jedes Jahr von der Gesellschaft neu festgesetzt. Sie als Anleger wissen niemals, welche Kosten auf Sie zukommen.

Gesellschaft	Kosten insgesamt	Gesellschaft	Kosten insgesamt	Gesellschaft	Kosten insgesamt
Europa	15,07%	Nordstern	24,00%	Hamb.Mh	30,00%
Allianz	16,76%	Debeka	24,43%	Inter	30,66%
Gerling	17,84%	Dt. Bank	24,55%	DEVK - AG	31,91%
Vita	18,18%	DBV	24,88%	ARAG	33,53%
Alte Leipziger	20,03%	WWK	25,32%	Nürnberger	34,90%
Volksfürsorge	20,47%	R+V a.G.	25,54%	Ideal	36,46%
Colonia	21,44%	Nova	25,76%	Iduna	38,73%
Württembergische	21,83%	Basler	26,75%	Dt. Ring	38,86%
Wüstenrot	22,23%	Winterthur	26,83%	Berlinische	40,95%
Universa	22,47%	Gothaer	27,49%	Signal	44,08%
Continentale	23,03%	Commerzbank	28,06%	AuM	45,69%
Vereinigte	23,09%	Stuttgarter	28,70%	Volkswohlbd.	53,85%
Victoria	23,50%	Barmenia	28,95%	Veritas	54,33%

Versprechen der Versicherungen

Wenn Sie jetzt auch noch den Risikoschutz von Ihren regelmäßigen, monatlichen Sparbeiträgen abziehen, wissen Sie, wie viel Geld Sie wirklich sparen, wie viel Geld für Sie angelegt wird.

Da sollte es einen nicht wundern, dass die Versicherungen ihre ursprünglich gemachten Versprechen nicht einhalten können, oder ?

Schauen wir uns doch einmal kurz die Versprechen der Versicherungen an :

Dass eben auch eine Lebensversicherung in wirtschaftlichen Krisenzeiten alles andere als ein Fels in der Brandung ist, wenn der weltweite Zinsmarkt zu lange im Keller ist, zeigen die seit dem Jahr 2001 bei allen Gesellschaften zurückgenommenen Überschussanteile sehr deutlich.

Einige Versicherer mussten seitdem sogar ihre Mindestgarantie zurücknehmen. Und das ist kein Ausnahmefall.

Denn bereits in der Vergangenheit mussten, wie zuvor bereits aufgezeigt wurde, viele Sparer erfahren, dass die tatsächlichen Leistungen ihrer Lebensversicherung von den ursprünglichen Prognosen stark abwichen.

Die auf der nächsten Seite folgende Tabelle zeigt Ihnen, welche Ablaufleistungen in der Vergangenheit versprochen wurden und was die Lebensversicherungen davon einhalten konnten.

Dabei wurden die durchschnittlichen **Ablaufleistungen zwischen 1985 und 1989** der unten genannten Gesellschaften berücksichtigt.

Die dramatische Entwicklung der letzten Jahre und die zusätzlichen Kosten für die "**Protektor**", die Versicherung der Versicherungen, lassen für die Zukunft nach Meinung der Fachleute eine noch weit aus geringere Rendite erwarten.

Gesellschaft hat:	versprochen		gehalten		Differenz	
Allianz	31.500 €	6,38%	27.968	5,59%	-12,63%	-3.532 €
Aachener & Münchner	28.237 €	5,65%	26.643	5,26%	- 5,98%	-1.593 €
Allg. Rentenanstalt	30.554 €	6,18%	25.340	4,92%	-20,58%	-5.215 €
Alte Leipziger	31.183 €	6,32%	25.452	4,95%	-22,52%	-5.731 €
Bayer. Beamten	31.196 €	6,32%	25.222	4,89%	-23,69%	-5.974 €
Berlinische	30.157 €	6,09%	24.936	4,82%	-20,94%	-5.221 €
Colonia	30.050 €	6,07%	25.795	5,05%	-16,50%	-4.255 €
Debeka	36.062 €	7,27%	26.705	5,28%	-35,04%	-9.358 €
Deutsche Beamten	32.507 €	6,59%	25.089	4,86%	-29,57%	-7.418 €
Deutscher Herold	32.001 €	6,49%	25.559	4,98%	-25,20%	-6.441 €
Deutscher Lloyd	30.371 €	6,14%	26.280	5,17%	-15,56%	-4.090 €
Deutscher Ring	29.343 €	5,91%	24.654	4,74%	-19,01%	-4.688 €
Gerling-Konzern	34.890 €	7,05%	25.871	5,07%	-34,86%	-9.018 €
Gothaer	30.829 €	6,24%	25.299	4,91%	-21,86%	-5.531 €
Hamb.-Mannheimer	30.058 €	6,07%	25.836	5,06%	-16,34%	-4.223 €
Hannover. Leben	32.717 €	6,63%	27.865	5,57%	-17,41%	-4.852 €
Iduna	31.340 €	6,35%	25.145	4,87%	-24,63%	-6.194 €
Karlsruher	30.718 €	6,22%	26.183	5,15%	-17,32%	-4.535 €
Nordstern	31.187 €	6,32%	24.194	4,61%	-28,90%	-6.992 €
Nürnberger	30.197 €	6,10%	25.662	5,01%	-17,67%	-4.536 €
R+V	30.798 €	6,23%	24.803	4,78%	-24,17%	-5.995 €
Schweizerische	30.405 €	6,15%	22.262	4,04%	-36,58%	-8.143 €
Stuttgarter	32.027 €	6,49%	26.393	5,20%	-21,35%	-5.634 €
Vereinte	30.273 €	6,12%	25.631	5,00%	-18,11%	-4.642 €
Victoria	31.303 €	6,34%	27.032	5,36%	-15,80%	-4.271 €
Volksfürsorge	31.655 €	6,41%	25.948	5,09%	-21,99%	-5.707 €
WWK	32.558 €	6,60%	26.245	5,16%	-24,06%	-6.313 €

Quelle : map-report29-30/92
Die Untersuchungen der letzten Jahre haben diese Zahlen vom Grundsatz her in der Höhe bis heute bestätigt

Die dramatische Entwicklung der letzten Jahre und die zusätzlichen Kosten für die "Protektor" lassen für die Zukunft nach Meinung der Fachleute eine noch weit aus geringere Auszahlung und Rendite befürchten.

Riester – Rente

Nachdem ab dem Jahr 2005 nach jahrelangem Widerstand der Versicherungsgesellschaft das Steuerprivileg für die Lebensversicherung gefallen war, verdienen sich die Versicherungsgesellschaften mit der Riester-Rente eine goldene Nase.

Immer mehr Versicherte und Sparer kündigen aus den in diesem Buch bereits wiederholt genannten Gründen ihre Verträge.

Die Kosten dieser alten Verträge sind jedoch meistens bereits bezahlt und die Gesellschaften erhalten jetzt neue Verträge , die erneut mit hohen Kosten belastet werden. Ein sehr einträgliches Geschäft.

Doch es kommt noch besser : die Sendung „**Monitor**" berichtete , dass sich die Versicherungsgesellschaften von der staatlichen Förderung per Gesetz 25% für ihre Verwaltung als Kosten einbehalten dürfen. Dieses Geld steht also nicht, wie vielleicht mancher Riesterer glaubt, dem Wertzuwachs seiner Rentenversicherung zur Verfügung, nein, dieses Geld vereinnahmt die Gesellschaft.

Da ist es nicht verwunderlich, dass eine Beispielrechnung von Finanzexperten belegt, dass der Sparer mindestens 87 Jahre alt werden muss, um nur seine eingezahlten Beiträge in Form von Rente zurück zu erhalten. Erst ab diesem Zeitpunkt beginnt sich die Einzahlung zu rentieren. In der Ansparphase beläuft sich die Rendite laut den Beispielrechnungen der Gesellschaften selbst bei guten Institutionen kaum mehr als garantierte 1 -1,5 %.

Man kann sich vorstellen, wie alt man werden müsste, um eine einigermaßen vernünftige Rendite, die über die echte Inflationsrate hinaus geht, zu erzielen.

Ein weiteres Problem wurde ebenfalls erst durch mehrere Verbraucherschutz-Sendungen bekannt :

Viele Riester-Sparer werden die erwartete Riester-Rente gar nicht erhalten !

Zitat : Prof. Bert Rürup, Vorsitzender des Sachverständigenrates:

*"Ein Problem bei der **Riester-Rente** besteht darin, dass ja ... die Auszahlungen auf die Grundsicherung im Alter angerechnet werden. Und das bedeutet für Geringverdiener, die erwarten, dass sie ja auf die Grundsicherung im Alter angewiesen sein werden, dass es für die durchaus rational ist, eben keinen Riester-Vertrag abzuschließen, so generös sie auch immer gefördert ist."*

Fachleute gehen davon aus, dass es Millionen von Sparern treffen wird , weil sie auf Grund von längerer Arbeitslosenzeit, geringerer Beitragszahlungsdauer in die gesetzliche Rentenversicherung und angesichts des sinkenden Leistungsniveaus in der gesetzlichen Rentenversicherung nur die staatliche Grundsicherung, also Sozialhilfe, erhalten werden und die Riester-Rente auch nach Aussage der Deutschen Rentenversicherung mit dieser verrechnet werden.

Werbespot der Bundesregierung:

"Die soll ja die langfristig vorgesehene moderate Absenkung des Rentenniveaus der zukünftigen Rentner in der gesetzlichen Rentenversicherung kompensieren."

Genau dies trifft aber gerade nicht zu, wie sie gerade gelesen haben. Laut Experten-Meinung werden voraussichtlich Hunderttausende, möglicherweise Millionen von Sparern hiervon betroffen sein. Der Traum von der zusätzlichen Rente wird sich für sie buchstäblich in Luft auflösen.

Was nutzen die Förderungen und die Steuervoteile, wenn die Rente nicht einmal zur Auszahlung kommt, oder die Förderungen zurückgezahlt werden müssen, weil man seinen Wohnsitz ins Ausland verlegt ?

Die Förderung stieg seit 2002 (bis 2008) in vier Schritten an. Ab dem Jahr 2008 müssen vier Prozent vom Vorjahresbruttoeinkommen in den Riestervertrag fließen, um die vollen Zulagen zu erhalten. Der Eigenbeitrag beträgt: 4% vom Vorjahresbrutto minus Grundzulage, minus Kinderzulagen. Besserverdiener können freiwillig die Riester-höchstsätze bezahlen, um neben den Zulagen noch attraktive Steuervorteile zu nutzen. Die Höchstsätze für 2008 sind 2.100€.

Der jährliche Mindesteigenbeitrag beträgt für 2008: 4 % vom Vorjahresbrutto abzgl. 154€ Grundzulage (abzgl. 185 € Kinderzulage falls vorhanden) mindestens aber 60€.
Der Höchstsatz beträt ab 2008 : 2.100€ - 154€ Grundzulage = 1.946€ Eigenbeitrag

Da ist es schon erstaunlich, dass Finanzexperten trotz der hohen Förderung nur Renditen von kaum mehr als 1-1.5% garantierte Rendite errechnen. Wer sich hier wohl die hohen Gewinne einsteckt?

Jetzt wird aber auch verständlich, warum die Lobby der Versicherungen nicht weiter gegen die Besteuerung der Lebens- und privaten Rentenversicherungen waren. Die Riester- Rente ist für sie ein weitaus lukrativeres Geschäft.

Der Sparer hat wieder einmal das Nachsehen. Natürlich sind diese Bezüge, sofern er sie überhaupt erhält, komplett steuerpflichtig.

Ab dem **1.7.2008** gibt es die sogenannte „**Wohn-Riester**", die „Eigenheimrente", wie sie gesetzlich korrekt heißt. Jetzt dürfen die Renten-Verträge auch zur Finanzierung von Wohneigentum verwendet werden. Hierzu könne auch bestehende Riester-Verträge nach einer gesetzlich festgelegten Wartezeit genutzt werden.

Doch auch hierbei sollte man genau rechnen, da im Rentenalter hierauf natürlich noch nachträglich Steuer gezahlt werden muss. Die Renditen (bisher sind immer Brutto-Renditen genannt worden, d.h. Steuer und Inflation wurde noch gar nicht berücksichtigt) reichen trotz staatlicher Förderungen bei Weitem nicht aus, ein ausreichendes Versorgungskapital aufzubauen

Rürup – Rente

Die **Basis-Rente**, die sogenannte **Rürup-Rente**, benannt nach dem „Wirtschaftsweisen" und Ökonomen Bert Rürup, ist vorrangig für Selbständige konzipiert.

Da diese keinen Anspruch auf Riester-Förderung haben, Beiträge für die klassische Lebens- und privaten Rentenversicherung bei Neuabschlüssen seit 2005 nicht mehr steuerlich absetzbar sind und sie die betriebliche Altersvorsorge nicht nutzen können, ist die Rürup-Rente die einzige Möglichkeit, steuerbegünstigt Altersvorsorge (*über Sonderausgabenabzug*) zu betreiben. Aber auch gutverdienende Angestellte profitieren von den Steuervorteilen.

Hartz IV- und Insolvenz-Schutz lassen diese Form der Vorsorge gerade für Selbständige und Freiberufler mit hoher Steuerlast interessant erscheinen. Diese scheinbaren Vorteile müssen jedoch teuer erkauft werden :

> ➤ **Beiträge** zu Rürup-Renten können zurzeit **nur gestaffelt steuerlich geltend** gemacht werden.

> ➤ **Kein Kapitalwahlrecht** – die spätere Auszahlung erfolgt, frühestens nach Vollendung des 60. Lebensjahres, ausschließlich als Leibrente.

> ➤ **Rentenzahlungen müssen** später, abhängig vom Rentenbeginnjahr, **versteuert werden**.

> ➤ Rürup-Verträge können **nicht beliehen, übertragen oder verschenkt noch verkauft** werden. Kündigung und die Auszahlung eines „Rückkaufswertes" ist ausgeschlossen, Beitragsfreistellung ist jedoch möglich .

> ➤ **Bei Tod des Sparers vor Rentenbeginn verfällt das gesamte eingezahlte Kapital.** Es kann jedoch, je nach Anbieter unterschiedlich, eine Zusatzversicherung in Form einer Hinterbliebenen-Rente oder

eine, steuerlich jedoch nicht geförderte, Beitrags-rückgewähr vereinbart werden.

➤ **Bei Tod des Sparers nach Rentenbeginn verfällt das gesamte eingezahlte Kapital ebenfalls.** Eine Rentengarantiezeit gibt es bei Rürup-Renten nicht bei allen Anbietern.

➤ Für Ehepartner kann eine Hinterbliebenenrente vereinbart werden.

➤ **Kann ein Sparer seine Beiträge nicht mehr zahlen** und will er deshalb den Vertrag beitragsfrei stellen, legen die Versicherer fest, dass der Kunde wenigstens so viele Beiträge bis zum Zeitpunkt der Beitragsfreistellung gezahlt haben muss, dass eine Mindestrente erreicht ist.

➤ Setzt er mit seinem Beitrag vorher aus, ist das Geld verloren.

Vor allem Selbstständige und Freiberufler, aber genauso gutverdienende Arbeitnehmer und Beamte profitieren in der Einzahlungsphase von Steuerersparnissen.

Um jedoch die Rentabilität einer Anlage zu ermitteln, darf man hierbei nicht vergessen, dass diese Steuervorteile häufig durch die Steuerpflicht in der Rentenphase aufgehoben werden. Man spricht hier von einer sogenannten nachgelagerten Besteuerung.

Seit 2007 ist auch ein Rürup-Vertrag über Fondsgesellschaften möglich :

Doch diese Anlageform hat erhebliche Haken. Für diese neuen Rürup-Produkte, bei denen der Sparer sein Geld in Aktien-, Renten, - Immobilien- oder Geldmarktfonds anlegen kann, spricht zwar die Möglichkeit einer höheren Rendite.

Der Anleger trägt aber das volle Risiko.

Es gibt hierbei **keine Garantieleistung** oder Mindestverzinsung, wie bei den klassischen Varianten der Versicherer. Die Wertentwicklung des gewählten Fonds ist entscheidend für die Höhe der später zu erwartenden Rente.

Fazit :

Die Riester – und auch die Rürup - Rente - unterliegen sehr strikten Auflagen und Beschränkungen und sind nicht flexibel. Darüber hinaus täuschen die angeblichen hohen Förderungen über die tatsächlich sehr geringen Renditen hinweg. Das Sparen in diesen Anlagen sollte demnach sehr genau auf tatsächlichem Nutzen und Vorteilen hin geprüft werden.

Der Finanzmarkt und vor allem aber der vom Gesetzgeber am 1.1.2004 für alle Anleger, also auch den Privatanlegern, geöffnete Premiummarkt bietet hier weitaus interessantere und lukrativere Alternativen.

Deshalb gilt hier der Aufruf

Es wird höchste Zeit, die einseitige Bereicherung von Instituten zu Lasten der Anleger/Sparer zu unterbinden, ihnen ihre Grenzen aufzuzeigen und allen, die teilhaben an dieser Abzocke ebenfalls. Jahrzehnte haben Menschen in unserem Lande zusehen müssen, wie die Finanzinstitute sich auf Kosten der Anleger/Sparer *eine goldene Nase verdienen.*

Mit den Informationen aus diesem Buch lassen sich jedoch eine Reihe von Fehlentscheidungen auch nachträglich korrigieren. Gerade im Bereich der Versicherungen als Kapitalanlage gibt es einige vielversprechende Angriffspunkte :

> ➢ Falschangaben zur Kostenstruktur
> ➢ Ungültige Allgemeine Geschäftsbedingungen
> ➢ Falsche Rückkaufswerte
> ➢ Bereicherung durch verschwiegene Kick – Backs
> ➢ Fehlende Widerufsbelehrung bei Prämienaufschlägen für unterjährige Zahlweise

Damit sind die Verträge schwebend unwirksam und können möglicherweise rückabgewickelt werden. Hier wird aufgrund der wachsenden Aufklärung der Verbraucher mit Hilfe von verbraucherfreundlichen Beratern und Anwälten auf die Versicherungswirtschaft in naher Zukunft eine Klageflut und Rückzahlungsforderungen hereinbrechen, die nicht mehr, wie bisher, durch Vergleiche mit den Klägern abgeblockt werden können. Fachleute schätzen die Ansprüche auf einige zig-Milliarden Euro. So manche Versicherung wird somit in ihrer Existenz bedroht sein.

So gut ist Bausparen

Das Bausparen wird immer noch als ein wichtiger Baustein für eine eventuelle Finanzierung einer selbstgenutzten Immobilie angesehen. Die Bausparkassen werben mit glücklichen Besitzern von traumhaft schönem Wohneigentum.

Ob diese Menschen auch noch so glücklich in die Welt schauen würden, wenn sie nachfolgenden Vergleich gesehen hätten ? Das günstige Darlehen kauft sich der Bausparer immer über einen noch niedrigeren Guthabenszins ein. (Die Bausparkassen müssen ja auch leben, nämlich von der Differenz zwischen Guthabenzins, der an die Sparer ausgezahlt wird und Darlehenszins, der vom Darle-hensnehmer bezahlt wird).

Wir haben hier ein Beispiel einer Bausparkasse gewählt, die von der "*Stiftung Warentest*" nach Angaben der Bausparkasse als Testsieger genannt wurde. Wir haben uns deshalb hierfür entschieden, um uns nicht den Vorwurf machen lassen zu müssen, wir würden mit schlechten Gesellschaften bewusst negative Ergebisse darstellen wollen.

Vergleich
Bausparen / Fondssparen

Bausparen		Fondsparen	
Bausparsumme	95.000,- Euro	Vertragssumme	36.000,- Euro
mtl. Sparrate	200,- Euro	mtl. Sparrate	200,- Euro
Gesamtsparleistung	36.000,- Euro	Gesamtsparleistung	36.000,- Euro

Ansparzeit 15 Jahre		Ansparzeit 15 Jahre	
Guthaben nach		**Guthaben nach**	
15 Jahren	**46.512,- Euro**	**15 Jahren **	**100.000,- Euro**
Bauspardarlehensanspruch *	48.488,- Euro	Darlehensanspruch	0,- Euro
Kosten	950,- Euro	Kosten	2.540,- Euro
monatliche Belastung nach 15 Jahren für Rückführung Bauspardarlehen	ca. 600,- Euro	monatl. Belastung n. 15 J.	**0,-** Euro

* Das Ergebnis wird bei Inanspruchnahme der Wohnungsbauprämie um 1.279,14 € (verh, 1 Ki) günstiger.

** Die angenommene Rendite ist mit 12 % p.a. bei Spitzen - Fonds im Zeitraum von 15 Jahren absolut realistisch und ist jederzeit über die Angaben der Gesellschaften im Internet nachvollziehbar.

* Der Anspruch wird über die Bewertungszahl, die jährlich von der Bausparkasse neu festgelegt wird, ermittelt und die Zuteilung ist nicht zum Tage der Mindest-Ansparung garantiert.

Zuteilungs-Zeitpunkt ungewiss

Viele Bausparer glauben, dass sie das Darlehen dann bekommen, wenn sie die erforderlichen 40% (oder 50%, je nach Tarif) angespart haben. Doch sie irren. Wann das Darlehen »zugeteilt« wird, steht bei Abschluss des Bauspar-Vertrages überhaupt nicht fest. Es hängt davon ab, wie gut es der Bausparkasse zu dem Zeitpunkt geht, zu dem der Bausparer die 40% (50%) erreicht hat.

Fließen der Bausparkasse viele Gelder zu, kann die Zuteilung schnell erfolgen (nach Erreichen der Mindestansparung). Umgekehrt - in einer Flautezeit für Bausparen - kann das sehr lange dauern. Je mehr Geld die Bausparkasse einnimmt (Bausparboom), desto eher gibt's das Darlehen. Je weniger sie einnimmt (Bausparflaute), desto länger dauert es.

Es ist festzustellen, dass der Fondssparer nach Ablauf der Ansparzeit von 15 Jahren eine **Ersparnis** gegenüber der Bausparvariante in Höhe **von weit mehr als 50.000,- Euro** (Zinsen, Tilgung und Kosten des Darlehens) hat.

Der Bausparer erhält zwar ein je nach Marktlage günstigen Darlehenszins, der Fondsparer benötigt jedoch überhaupt kein Darlehen, um eine Finanzierungssumme von 100.00,-Euro zu erreichen.

Der Weg des Geldes

Warum, glauben Sie, legen die Banken das Geld ihrer Kunden nicht bei Versicherungen an um es zu vermehren, oder, warum finanzieren Versicherungen ihre Immobilien nicht über die von ihnen so hoch gelobten Bausparverträge ?

Schauen wir uns doch einmal den Weg des Geldes an:

Die Sparer bringen ihr Geld zu Banken und Versicherungen und legen es in den von diesen Instituten empfohlenen Anlagen (*Sparbuch, Festgeld und Sparverträge bei Banken und Lebens- und private Rentenversicherungen und Bausparverträge bei Versicherungen und Bausparkassen*) und versprechen Ihnen hierfür einen Zins. Der liegt selbst in guten Zeiten langfristig selten über 2 bis 5 %. Diese Anlagen bezeichnet man als Geldwerte.

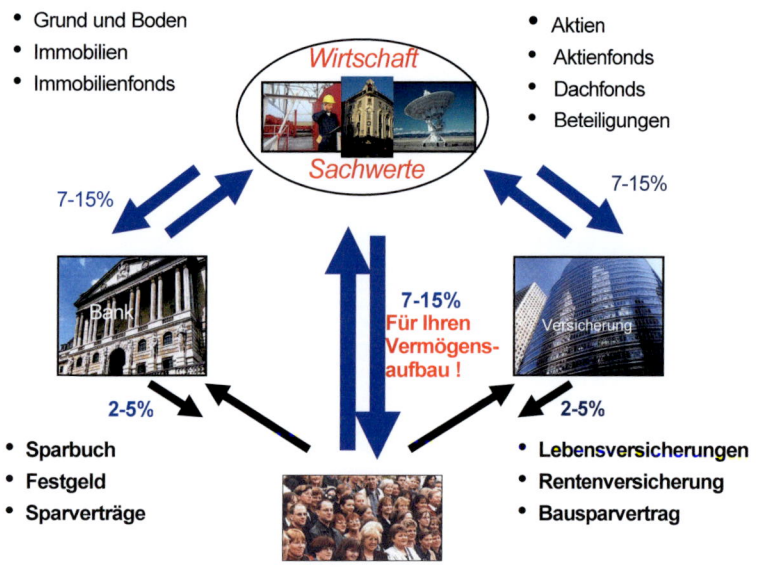

Die Renditen, die Banken und Versicherungen mit ihren eigenen

Anlagen erzielen, liegen in der Regel mindestens **bei 7 bis 15 %**, im Einzelfall, deutlich darüber und aus Bereichen des **Premiummarktes** sind Renditen **zwischen 15% und 40%** seit Jahrzehnten absolut **üblich**. Die Anlagen, die weniger bringen, werden schnell wieder abgestoßen und durch bessere ersetzt.

Nehmen wir einmal an, Sie erhalten für Ihr gespartes, sagen wir einmal 10.000,- Euro, von Ihrer Bank 5% Zinsen, diese investiert das Geld in den Bereichen, wo echte Mehrwerte erzielt werden, nämlich in Sachwerten wie Unternehmensbeteiligungen, oft in Form von Aktien.

Die Bank erreicht hier angenommene 10% Rendite und erhält somit am Ende des Jahres 1.000,- Euro, gibt Ihnen die versprochenen 500,- Euro und steckt den Rest von 500,- Euro in die eigene Tasche. Sie hat also mit dem Versprechen Ihnen 500,- Euro zu zahlen(dies ist die einzige Investition der Bank für diese Anlage, sie selbst muss ja kein Kapital einsetzen) einen **Gewinn von 100%** gemacht.

Zitat:

"Mach' nur einmal das, von dem andere sagen, dass du es nicht schaffst, und du wirst nie wieder auf deren Grenzen achten müssen."

James R. Cook   Britischer Seefahrer, Entdecker und Forscher.

Um zu verstehen, warum Banken und Versicherungen und die sogenannten Großanleger mit ihrem eigenen und dem Geld ihrer Kunden so völlig anders investieren, als sie es ihren Kunden empfehlen, sehen wir uns doch zunächst einmal die Geschäftsberichte der ganz großen Institute in dieser Branche an.

So investieren die Profis

Aufmerksame Leser erkennen in der nachfolgenden Grafik, ein System, wie es bereits vor 167 Jahren von den Schotten angewandt wurde. Verteilung des Gesamtvermögens nach ganz bestimmten Kriterien. Investitionen finden in verschiedenen Branchen und verschiedenen Regionen statt.

Je breiter die Streuung, je geringer das Risiko.

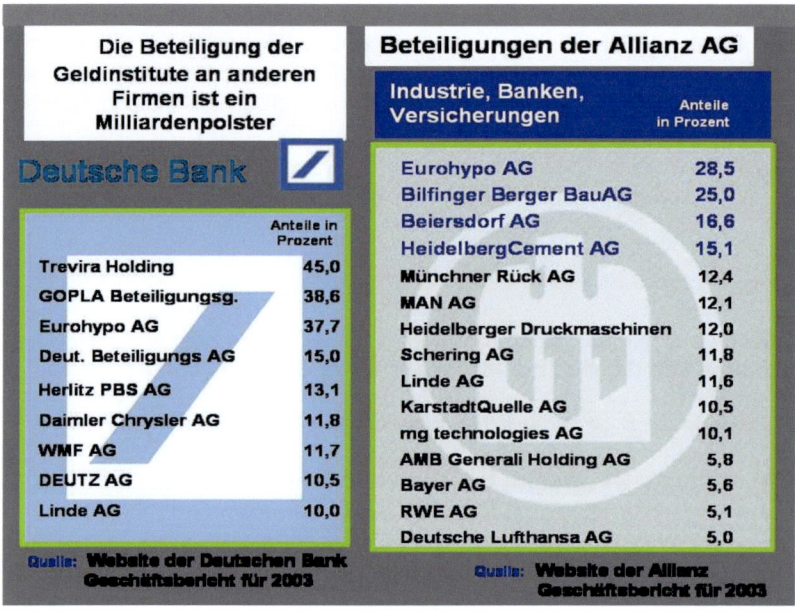

Idealerweise wird auch noch innerhalb der einzelnen Branchen in verschiedene Unternehmen investiert. Man denke nur an den Boykott gegen die SHELL. Auch wenn zum damaligen Zeitpunkt die Shell-Aktie an Wert verloren hat, die Menschen haben nicht weniger getankt, nur woanders.

Diese Aktien haben dann wieder an Wert gewonnen und der Verlust auf der einen Seite wurde durch Gewinne auf der anderen Seite ausgeglichen.

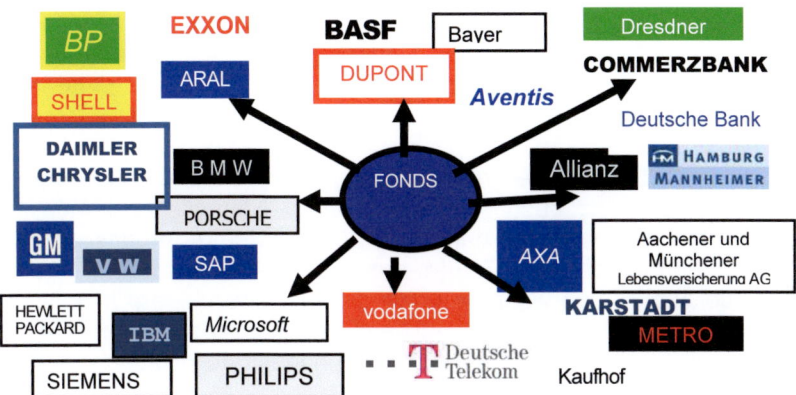

Sicherheit durch breite Streuung erlangen in verschiedene Branchen und Regionen: diesen Weg wählen verantwortungsbewußte Vermögensverwalter.

Was Banken verdienen

Nun scheint es manchem Anleger, als wäre diese Form der Kapital-anlage nur etwas für Großanleger, wie es Banken und Versicherungen, aber auch die Pensionsfonds der großen Unternehmen sind. Ich habe mehr als einmal das Argument gehört, dass diese Unternehmen ja auch genug Geld hätten und sich auch einmal einen Verlust leisten können.

Doch dies ist ein großer Irrtum. Banken und Versicherungen unterliegen einer ganz besonderen staatlichen Kontrolle und müssen nachweisen, dass sie mit dem Geld der Anleger vertrauensvoll umgehen. Darauf achtet die **BaFin**, das Bundesaufsichtsamt für Finandienstleistung. Auch wenn natürlich die eine oder andere Investition einmal Verluste bringen kann, muss die Bank insgesamt dafür Sorge tragen, dass diese durch die richtige Anlagestrategie auf der anderen Seite wieder ausgeglichen wird.

Willst du den Wert des Geldes kennenlernen, geh und versuche dir welches zu borgen.

Benjamin Franklin
(amerikanischer Naturwissenschaftler und Politiker (1706 - 1790))

Um einmal aufzuzeigen, wie zum Beispiel Banken mit Krediten Geld verdienen, nachfolgend einmal ein einfaches, aber wirkungsvolles Rechenbeispiel :

Die Bank erhält einen großen Teil ihres Geldes, das sie an die Kunden als Kredit herausgibt, von der Bundesbank zu einem für den Normalverbraucher sehr günstigen Zinssatz. Nehmen wir einmal an, dieser beträgt zurzeit 4%. Nehmen wir weiterhin an, ein Kunde überzieht sein Girokonto um 1.000,- Euro mehr als vereinbart und zahlt hierfür 16% als Zinsen für unerlaubte Überschreitung des Kreditrahmens.

Die Bank zahlt   4% für das Geld, was sie Ihnen leiht *(es gehört der Bundesbank, bzw. EZB)*
Sie zahlen   **16%**

Frage :   **Wie hoch ist der Gewinn der Bank ?**

Antwort :   **300 %**

Das dreifache dessen, was die Bank für ihren Kredit bei der Bundesbank oder der Europäischen Zentralbank bezahlt, verlangt sie von Ihnen. Sie macht also 300% Gewinn mit Geld, das ihr gar nicht gehört, wofür sie selbst nicht einen Cent aus eigener Tasche investieren musste.

Ich möchte jetzt gar nicht fragen, ob Sie dies für gerecht halten. Halten Sie es aber für gerecht, dass Sie für Ihre Kapital-Anlagen langfristig nur zwischen 2 -5 % erhalten, also Erträge , die in manchen Zeiten nicht einmal die Inflation ausgleichen.

Denn während Ihre Geldanlage durch die Inflation, also der Geldentwertung, laufend an Wert einbüßt, werden die sogenannten Sachwertanlagen durch die Inflation sogar werthaltiger.

Sehr leicht nachvollziehbar ist es an Hand des Vergleichs Bargeld zur Immobilie.

Während aus 100.000,- Euro bei 3,5% Inflation nach 30 Jahren nur noch eine Kaufkraft von etwas mehr als einem Drittel, nämlich 35,6% oder 35.600,- Euro übrigbleiben, kostet eine Immobile nach 30 Jahren im Durchschnitt (Abweichungen je nach Lage und Ausstattung) fast das Dreifache, nämlich 280.000,- Euro. Wertsteigerung 180 %.

Der Unterschied zwischen Geldwert und Sachwert beträgt somit allein durch die Auswirkung der Inflation mehr als 240.000,- Euro.

Inflation : Zeit ist/kostet Geld

Die Inflation und ihre Auswirkung wird verschiedenen Untersuchungen zu folge sehr häufig unterschätzt. Nehmen wir einmal an, Sie gehen in 35 Jahren in Rente und um sich im Ruhestand den gleichen Lebensstandard zu halten , den Sie heute besitzen, benötigen Sie **1.500,-** Euro nach heutigem Wert zusätzlich.

Die durchschnittliche Inflation der letzten 30 Jahre beläuft sich offiziell auf ca. **3,5%.**

Dies bedeutet gleichzeitig, das Sie bereits

in **10 Jahren**	**2.116**,00 Euro
in **20 Jahren**	**2.985**,00 Euro
in **30 Jahren**	**4.210**,00 Euro
und in **35 Jahren**	**5.000**.00 Euro

(alle Werte gerundet)

benötigen, um sich das gleiche kaufen zu können, wofür Sie heute 1.500,- Euro bezahlen. Nur wenige Menschen berücksichtigen dies bei Ihrer finanziellen Planung.

Hier nur einige Beispiele aus der Vergangenheit, um sich die Problematik einmal vor Augen zu führen :

Inflation

Dinge des täglichen Bedarfs	1975	2005	Echte Inflation	2035
Porto	0,20 DM / 0,10 €	0,55 €	5,9 %	3,- €
Bildzeitung	0,10 DM / 0,05 €	0,50 €	8 %	5,- €
Haarschnitt	3,- DM / 1,50 €	15,- €	8 %	150,- €
Portion Kaffee	1,- DM / 0,50 €	5,- €	0 %	50,- €
DB 250 Diesel	16.000 DM / 8.000 €	40.000 €	5,6 %	200.000 €
Brutto-Einkommen	1.250 DM / 625 €	2.500 €	4,8 %	10.000 €
Beitrag GKV	7% = 87,50 DM / 43,75 €	14 % = 350,- €	7,2 %	2.800 €
Immobilien	150.000 DM / 75.000 €	300.000 €	4,8 %	1,2 Mio. €

Rechnung:

Um eine mtl. Zusatzrente von 5.000,00 €uro zu erhalten, brauchen Sie eine jährliche Zinseinnahme von 60.000,- €. Diese erzielen Sie (bei einer angenommenen Verzinsung von 5 %) aus einem Kapital von **„nur" 1.200.000,- €uro.**

Existenzielle Frage: **Wer zahlt Ihre Rente?**

Die durchschnittliche Rendite in Deutschland lag aber in den letzten 30 Jahren bei nur etwas mehr als 3 % (Brutto, ohne Berücksichtigung von Inflation und Steuer)

Bei einem Zinssatz von 3,5 % müssten Sie aber bereits über ein Vermögen von über 1, 7 Millionen verfügen.

Wie wollen Sie das erreichen ?

Unmöglich, glauben Sie ?

Ergebnisse

Wenn auch von den Verbraucherschützern und der Stiftung Warentest immer wieder die mangelnde Beratungsqualität der meisten Banken angeprangert wird, soll es jedoch auch Ausnahmen geben.

So hört man zwar von Kunden, die von Ihrer Hausbank auch Wertpapieranlagen angeboten bekommen haben, die höhere Renditen versprechen, diese häufig aber eben auch mit erhöhtem Risiko verbunden seien. Deshalb schauen wir uns einmal den folgenden Kapitalanlagevergleich an.

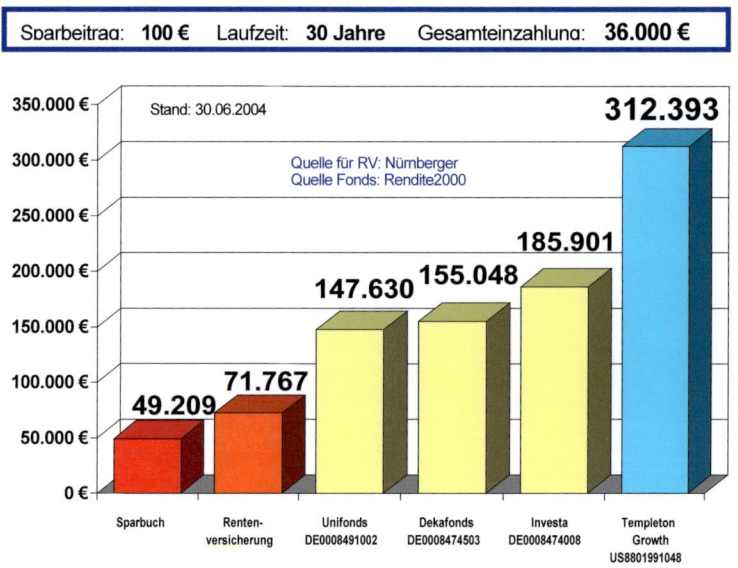

Die Grafik lässt erkennen, dass es erhebliche Unterschiede zwischen den verschiedenen Anlageformen gibt, beim Sparbuch und bei der Versicherung sind die führenden Angebote mit den besten Zinsen ausgewählt worden. Aber vor allem sieht man auch gravierende Unterschiede innnerhalb des Fondsangebotes.

Dies hängt mit der Besonderheit des deutschen Finanzmarktes zusammen und ist darin begründet, dass, anders als z.b. in den USA und den meisten anderen europäischen Staaten, die Banken in Deutschland sehr stark mit eigenen Fondsprodukten vertreten sind und somit natürlich auch ihre ureigensten Interessen bei dieser Anlageform vertreten.

Die Auswahl der in den Fonds vertretenen Aktien wird somit stark von den beteiligten Banken und deren wirtschaftlichen Zielen beeinflusst.

Es liegt daher nahe, dass die Banken lieber die Fonds anbieten, bei denen sie selbst Einfluss nehmen können, ja diese sogar maßgeblich steuern können, d.h. auch, Aktienpakete in den Fonds aufnehmen, die sie selber abstoßen möchten. Somit kann die Bank Verluste vermeiden und bei dem Fonds schlägt dieser Verlust weniger stark durch, da noch eine Reihe anderer Papiere in dem Fonds sind.

Die großen , langfristig erfolgreichen Fonds können ohne den Einfluss von mächtigen Banken agieren. Die Auswahl der Aktien geschieht hier nach von Banken unabhängigen Kriterien.

Rendite - Qualität

Beispiel eines Sparplans über 100 Euro monatlich vom 01.07.1979 bis 30.06.2004

Gesamteinzahlung: 30.000

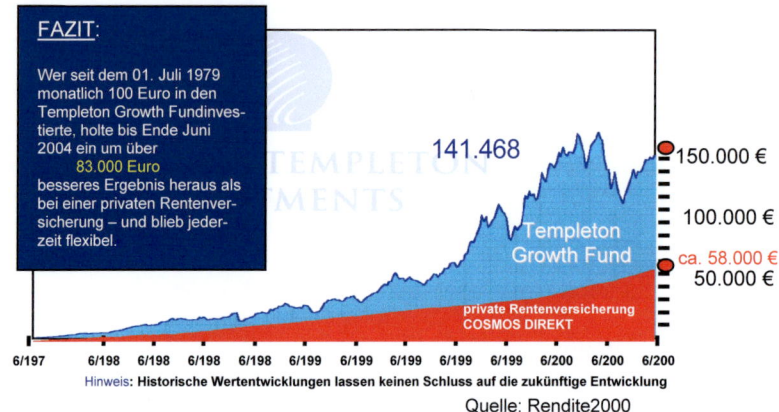

FAZIT:

Wer seit dem 01. Juli 1979 monatlich 100 Euro in den Templeton Growth Fundinvestierte, holte bis Ende Juni 2004 ein um über 83.000 Euro besseres Ergebnis heraus als bei einer privaten Rentenversicherung – und blieb jederzeit flexibel.

141.468

150.000 €

100.000 €

Templeton Growth Fund

ca. 58.000 €
50.000 €

private Rentenversicherung
COSMOS DIREKT

6/197   6/198   6/198   6/198   6/198   6/199   6/199   6/199   6/199   6/199   6/200   6/200   6/200

Hinweis: Historische Wertentwicklungen lassen keinen Schluss auf die zukünftige Entwicklung

Quelle: Rendite2000

Beispiel: Fidelity European Growth Fund

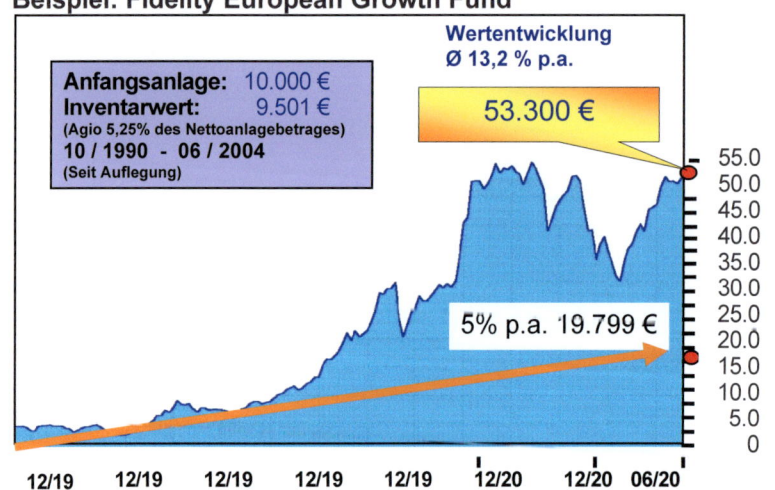

Wertentwicklung
Ø 13,2 % p.a.

Anfangsanlage: 10.000 €
Inventarwert: 9.501 €
(Agio 5,25% des Nettoanlagebetrages)
10 / 1990 - 06 / 2004
(Seit Auflegung)

53.300 €

55.0
50.0
45.0
40.0
35.0
30.0
25.0
20.0
15.0
10.0
5.0
0

5% p.a. 19.799 €

12/19   12/19   12/19   12/19   12/19   12/20   12/20   06/20

Quelle: Rendite2000

Nur 1% gehören zur Weltspitze

Pioneer Fund
Einmalanlage in Höhe von 10.000 $

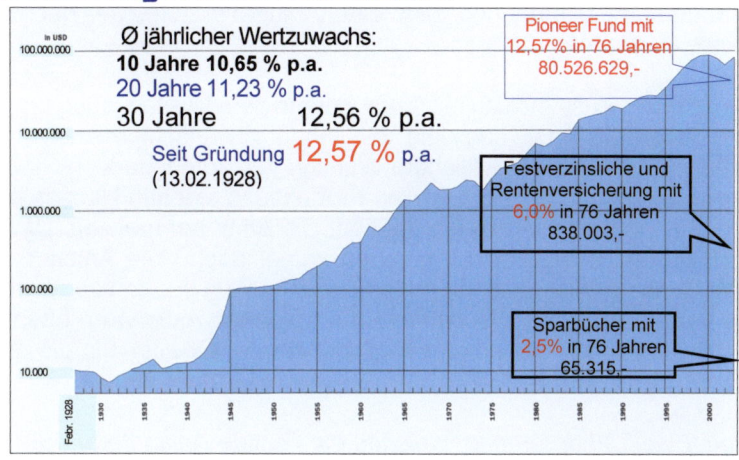

Ø jährlicher Wertzuwachs:
10 Jahre 10,65 % p.a.
20 Jahre 11,23 % p.a.
30 Jahre   12,56 % p.a.

Seit Gründung 12,57 % p.a.
(13.02.1928)

Pioneer Fund mit
12,57% in 76 Jahren
80.526.629,-

Festverzinsliche und
Rentenversicherung mit
6,0% in 76 Jahren
838.003,-

Sparbücher mit
2,5% in 76 Jahren
65.315,-

Quelle: Pioneer MF Illustrator
Stand **31. Dezember**

Sicherlich ist für jeden erkennbar, dass Investitionen in den hier gezeigten Anlagen durchaus lukrativ sind und jede der von den Banken und Versicherungen angebotenen Produkte um Längen schlägt.
Jedoch : *Es sind mehr als 8.000 Fonds in Deutschland zugelassen!*
(Weltweit mehr als 25.000)

Davon gehören jedoch weniger als 1% zur Weltspitze.

Anforderungen

Doch wer glaubt, genau diese Spitzenfonds von seiner Bank ange-boten zu bekommen, irrt gewaltig. Wer es nicht glaubt, sollte einmal den Versuch starten und sich eine Anlageberatung bei der Bank seines Vertrauens anhören.

Als Insider, dass heißt, mit dem notendigen Wissen ausgestattet, wird Ihnen die Bank auch die von Ihnen gewünschten Aktien oder Aktienfonds auf ausdrücklichem Wunsch verkaufen. Jedoch wird Sie immer versuchen, Ihnen auch ein Produkt des eigenen Hauses in Ihr Depot zu legen, denn daran verdient die Bank am meisten. Dies ist auch durchaus legitim, nur glauben immer noch viele Anleger, von Ihrer Bank optimal in allen Geldangelegenheiten beraten zu werden. Sie vergessen, dass die Banken ihren eigenen Aktionären ebenfalls verpflichtet sind und einen möglichst hohen Gewinn für die Bank erwirtschaften müssen.

Woher weiß aber jemand, welches die richtige Anlageform oder das richtige Produkt ist?

Als erstes sollte man sich einmal klar werden, welche Anforderungen man selbst an eine gute Kapitalanlage stellt.
Eigene Umfragen und Erkenntnisse aus unzähligen Kundengesprä-chen führen zu nachfolgendem Ergebnis :

> ➢ Sicherheit
> ➢ Gute Rendite
> ➢ Inflationsschutz
> ➢ Verfügbarkeit
> ➢ Flexibilität
> ➢ niedrige Kosten

Eine ganze Reihe der Top-Fonds erfüllen die meisten der gewünsch-ten Anforderungen. Sehen wir uns doch einmal an, welche Gemein-samkeiten die besten Fonds der Welt haben.

Zunächst ist einmal festzustellen, dass es sich fast ausschließlich um international anlegende, konservative Aktienfonds handelt.

Also keine Spekulation auf „den schnellen €uro" in Risikomärkten erfolgt, sondern schwerpunktmäßig Anlagen in die sogenannten Blue Chips, Aktien von starken, meist international, also weltweit arbeitenden Unternehmen, deren Aktien überwiegend in den Indizes der großen Börsen der Welt vertreten sind und ihre Ertragskraft über viele, viele Jahre eindrucksvoll belegt haben, getätigt werden.

Eine ausgewogene Verteilung in verschiedene Branchen und auf mehrere starke Unternehmen innerhalb der einzelnen Branchen erhöht die Sicherheit eines Aktienfonds enorm. Eventuelle Verluste einzelner Aktien werden durch die Gewinne anderer Wertpapiere ausgeglichen.

Diese Strategie führt zwar dazu, dass mit diesen Anlagen nicht die absolut höchsten Gewinne erzielt werden können, wie es mit hochspekulativen Papieren durchaus möglich ist, aber es verhindert langfristig Verluste, eine Anforderung, die für den „Ottonormalverbraucher" überlebensnotwendig ist. Und sie sichert bei einem Anlagehorizont von mindestens 7- 10 Jahren in der Regel eine akzeptable Rendite, wie die Grafiken auf den vorherigen Seiten eindrucksvoll belegen.

Sicherheit

Buch: *Geldanlage für Mündel und Betreute*

Dieses im **Bundesanzeigerverlag** erschienene Buch gibt Richtlinien für den Umgang mit Geldern von Mündeln und Betreute - also Personen, die nicht mehr oder noch nicht über ihre eigenen Geldanlagen entscheiden dürfen.

„**Die Prüfung** der anderweitigen Anlagemöglichkeiten i.S.v. § 1811BGB muss sich für den Betreuer auch aus der historischen Erfahrung aufdrängen: Gerade die vom Gesetz vorgesehenen "mündelsicheren Anlagen" (*z.B. Bundesschatzbriefe, welche einer der Hauptanlagen von Kapitallebensversicherungen darstellen Anm.d.R.*) waren diejenigen, die aus den Wirtschaftskatastrophen des 20. Jahrhunderts in besonderem Maße entwertet hervorgingen."

„..., hingegen der Verbraucherschutz derartige Kapitalanlagen *(gemeint sind deutsche Kapitallebensversicherungen Anrn.d.R.*) seit Jahrzehnten mit gerichtlicher Erlaubnis als „**legalen Betrug**" bezeichnet. (LG Hamburg, Urteil vom 3.6.1983 - 74 0 47/S3)

„Für das Mündelvermögen soll nach der Rechtssprechung Folgendes beachtet werden: **Die Sicherheit hat oberste Priorität.** (...) Nach einer Entscheidung des OLG Schleswig kommen Aktien und Rentenfonds bei längerfristigen Anlagen von Mündelgeld in Betracht". Im weiteren Verlauf des Buches werden auch „mündelsichere Fonds" aufgezählt. Darunter u.a. der Templeton Growth Funds , ADIG Fondak und DWS Investa.

Zu Gewinnerzielung von deutschen Kapitallebensversicherungen schreibt das Buch unter Anderem:

„Bei den Immobilien werden alle zulässigen Abschreibungsmöglichkeiten genutzt, was zur **Wertminderung des Deckungsstockes** führt. Die Investition erfolgt mit dem Ziel der Abschreibung und damit zur Schaffung von stillen Reserven. Immobilienanlagen stehen nach 30 bis 50 Jahren nur noch mit jeweils einer Mark Erinnerungswert in der Bilanz, während ihr tatsächlicher Wert meist Millionenhöhe erreicht. (...) Aktien stehen mit dem Einkaufspreis in den Büchern, selbst wenn der gegenwärtige Marktwert sehr viel höher sein sollte.

Am Wertzuwachs von Aktien und Immobilien wurden die Versicherungsnehmer nur beteiligt, wenn durch einen Verkauf Gewinn realisiert wurde. So flössen große Teile vom Wertzuwachs des vom Versicherungsnehmer eingebrachten Kapitals über Jahrzehnte hinweg in das Vermögen der Versicherer und kamen somit den Aktionären zugute anstatt denen, die das Geld aufgebracht hatten."

Die Menschen gehen auf die Barrikaden, wenn irgendwo durch eine Baumaßnahme *(Flughafen Frankfurt- Startbahn West, die neue Brücke über die Elbe bei Dresden, Feuchtbiotop am Rande der Stadt)* Teile der Natur zerstört werden oder eine wenn auch noch so seltene Fledermaus- oder Insektenart bedroht ist. Sie fahren hunderte von Kilometern, um an den Demonstrationen teilzunehmen, die zum Ziel haben, diese Maßnahmen zu verhindern.

Die Machenschaften von Banken und Versicherungen jedoch werden von den meisten Menschen wie *„von Gott gewollt"* hingenommen. Es wird vielleicht mal im stillen darüber geschimpft, dagegen wirklich unternommen wird jedoch kaum etwas. Selbst der Staat braucht Jahrzehnte, um bestimmte Privilegien dieser Institutionen zu kappen. Man denke hier nur an das Steuerprivileg, aber auch die Forderung des Gesetzgebers nach mehr Transparenz der Versicherungsanlagen.

Die Lobby der deutschen Banken und Versicherungen ist außergewöhnlich stark. Hiergegen hilft nur Aufklärung und Information.

Altersarmut droht

Altersarmut ist ein Begriff, den so mancher nicht hören will und sich vor Allem hiervon nicht betroffen fühlt.

Die finanzielle Zukunft im Alter sieht dagegen für viele Deutsche nicht rosig aus. Fast zwei Drittel der künftigen Rentner werden ihren Lebensstandard spürbar senken müssen, knapp jedem Dritten droht sogar die Altersarmut. Das ist **das alarmierende Ergebnis einer Untersuchung** des Deutschen Instituts für Altersvorsorge (**DIA**). Die EU-Kommission kommt sogar zu noch dramatischeren Ergebnissen. Ihrer Einschätzung nach **sind fast 80 % der Rentner im Jahr 2030 von der Altersarmut bedroht.**

Die große deutsche Tragödie : „Jetzt kann ich nicht sparen"

Alter 18 bis 25 Jahre

"Ich soll investieren? Machen Sie Witze?
Ich bin gerade in der Ausbildung. Ich kann jetzt nicht sparen.
Ich bin noch jung und möchte meinen Spaß habe. Außerdem muss ich nächstes Jahr zur Bundeswehr. Wenn ich damit fertig bin, kann ich sparen."

Alter 25 bis 35 Jahre

„Jetzt kann ich nicht sparen, ich habe erst vor wenigen Jahren angefangen zu arbeiten, jetzt muss ich für meine Weiterbildung aufkommen. Wenn ich damit fertig bin, kann ich immer noch sparen."

Alter 35 – 45 Jahre

„Wie kann ich jetzt sparen? Als Familienvater habe ich mehr Ausgaben, als je zuvor. Wenn die Kinder etwas älter sind, werde ich sparen können"

Alter 45 bis 55 Jahre

„Ich wünschte mir, jetzt sparen zu können, aber es geht einfach nicht mit zwei studierenden Kindern. Das kostet mich jeden Cent. Ich mußte in den letzten Jahren sogar Schulden machen, um das neue Haus bezahlen zu können. Aber das wird nicht ewig dauern, und dann kann ich anfangen zu sparen

Alter 55 bis 65 Jahre

„Ich weiß, dass ich sparen sollte, aber ich bin knapp bei Kasse. Es ist schwer für einen Mann in meinem Alter, auf einen grünen Zweig zu kommen. Warum habe ich nicht vor 20 Jahren angefangen zu sparen. Aber vielleicht ergibt sich ja noch etwas."

Alter über 65 Jahren

„Ja, nun ist es zu spät. Wir wohnen bei unserem Sohn. Das ist zwar nicht schön, aber was sollen wir machen? Wir haben zwar die staatliche Rente, aber wer kann davon schon Leben. Hätte ich nur gespart, als ich noch verdient habe. Wenn man kein Einkommen mehr hat, ist es zu spät zum sparen.

Deutsche sparen zu wenig fürs Alter.

Die meisten Menschen übersehen die in den kommenden Jahrzehnten zu erwartende Steigerung der Lebenserwartung um fünf bis sieben Jahre. **Der Vorsorgebedarf fürs Alter wird deshalb dramatisch unterschätzt**. Trotz massiver Einschnitte im gesetzlichen Rentensystem sparen 30 Prozent der Bevölkerung noch immer nicht für den Ruhestand, der Rest legt meistens zu wenig zurück oder spart in die falschen , d.h., in zu niedrig rentierende Anlagen.

Der richtige Zeitpunkt

Jedes Jahr , das man früher beginnt zu sparen, hilft, die Höhe der notwendigen Sparbeiträge niedriger zu halten.

Zeit ist billiger als Geld

Wie man aus der Information auf Seite 35 entnehmen kann, ist es sicherlich nicht zu hoch gegriffen, wenn man sagt, dass ein heute 35 – Jähriger, der mit 65 Jahren in Rente gehen will, einen Betrag von 500.000,- Euro benötigt, um aus den Erträgen seine Rentenlücke schließen zu können.

Schauen wir uns einmal an, wie hoch der monatliche Sparbeitrag sein muss, **um 500.000,- €uro** zu erreichen :

Alter	Jahre bis zur Rente		monatlicher Sparbeitrag bei %	
		5%	9%	12%
20 Jahre	45	246,00 €	67,00 €	23,00 €
30 Jahre	35	440,00 €	169,00 €	77,00 €
40 Jahre	25	839,00 €	445,00 €	266,00 €
50 Jahre	15	1.070,00 €	1.321,00 €	1.000,00 €

Aus dieser Tabelle lassen sich nun zwei entscheidende Erkenntnisse ableiten :

1.) je früher man beginnt, um so niedriger sind die Sparbeiträge
2.) je höher die Rendite, desto geringer die monatlichen Aufwendungen.

Darüber hinaus zeigt die nachfolgende Tabelle, wie wichtig jeder Prozent-Punkt ist, den man mehr für seine Ersparnisse erhält.

Anlagezeit in Jahren	Zinssatz Sparbeitrag € 100,- mtl.	3,00%	5,00%	7,00%	9,00%	12,00%	15,00%
1	1.200	1.220	1.233	1.246	1.259	2.278	1.298
10	12.000	13.980	15.502	17.206	19.120	22.427	26.344
15	18.000	22.631	26.596	31.298	36.951	47.613	61.736
20	24.000	32.768	40.754	51.060	64.385	92.083	132.921
25	30.000	44.462	58.824	78.777	106.596	170.401	276.099
30	36.000	58.018	81.886	117.651	171.543	308.423	564.001
35	42.000	73.734	111.320	172.174	271.472	551.666	1.143.318
40	48.000	91.952	148.886	248.646	425.225	980.343	2.308.370
45	54.000	113.072	196.830	355.901	661.793	1.735.818	4.651.704
50	60.000	137.556	258.021	506.332	1.025.783	3.067.223	9.364.987

Wie Sie sehen, ist eine erfolgreiche Geldanlage abhängig von den richtigen Voraussetzungen, der Berücksichtigung der zur Verfügung stehenden Zeit und des möglichen zu erzielenden Zinssatzes oder der erreichbaren Rendite.

Für die Auswahl des richtigen Fonds, bzw. der richtigen Kapitalanlage aus dem Premiummarkt ist es natürlich wichtig, einen von Banken und Versicherungen unabhängigen Berater zu Rate ziehen.

Ein gutes Konzept

Um nun ein optimales Konzept für Ihre Kapitalanlage zu erhalten, können Sie statt in einzelnen Fonds, die bereits in viele unterschiedliche Aktien investieren, in sogenannte Dachfonds anlegen. Diese Anlageform ist erst seit wenigen Jahren wieder in Deutschland erlaubt, nachdem sie Ende der 60er Jahre verboten *wurde (übrigens nur in Deutschland auf Initiative der deutschen Banken, die hierin eine Gefahr für das eigene Geschäft sahen. Weltweit wurde diese Anlageform seit Beginn der 60er Jahre dagegen weiterhin erfolgreich vermarktet).* Auf Druck der EU erst wurde diese Anlageform in Deutschland wieder für den Kleinanleger eingeführt.

Ein guter Dachfonds investiert in verschiedene international ausgerichtete, konservative Fonds und streut somit ein eventuelles Anlagerisiko noch ein weiteres mal. Erfolgreiche Dachfonds halten die Kosten für Ihre Anleger niedrig, indem sie nur in Fonds investieren, die sie ohne den sonst üblichen Ausgabeaufschlag kaufen können. Dies ist durch Verhandlungen zu erreichen und durch die Höhe des zu erwartenden Umsatzes, wenn dieser für die Fondsanbieter interessant genug ist, denn eine höhere Nachfrage schlägt sich in steigenden Kursen nieder.

Weiterer Vorteil dieser Investmentanlage ist die Möglichkeit, jederzeit über sein Guthaben verfügen zu können. Die notwendige Flexibilität ist ebenfalls gegeben, da der Anleger bei den meisten Anbietern seine monatlichen Beiträge ohne Probleme aussetzen und auch nach Wunsch wieder einzahlen kann.

Einige Dachfonds erlauben es auch bis zu einer bestimmten Höhe die kostenlose zusätzliche Einzahlung. So lässt sich die Rendite zusätzlich noch einmal verbessern.

Da einige dieser Spitzenfonds auch VWL-fähig sind, dass heißt, für die staatlich geförderten „**Vermögenswirksamen Leistungen**" gespart werden können, lässt sich durch die Arbeitnehmersparzulage und den Arbeitgeberanteil, also den Anteil, der neben der staatlichen Förderung oft tariflich geregelt von den Unternehmen zusätzlich zum Lohn gezahlt wird, auch hier eine phantastische Rendite erzielen.

Zitat:

„Kenntnisse bloß zu sammeln ist genauso schlecht wie Geld zu horten. Auch Wissen will umgesetzt sein."

Robert Lee Frost

US-amerikanischer Dichter und Pulitzerpreisträger (1874 -1963)

Es gibt sehr gute Anbieter, die es Ihnen ermöglichen, bereits ab 25,- Euro monatlicher Sparrate einen Investmentsparplan abzuschließen. Leider gibt es jedoch nur ganz wenige von den Top-Dachfonds, die solch ein Angebot ihren Kunden unterbreiten. Sehr häufig werden Mindestsparbeiträge von 100,- Euro und mehr verlangt.

Auf den Seiten 48 und 49 lässt sich jedoch erkennen, dass es mit Hilfe der richtigen Strategie durchaus möglich ist, auch mit kleinen Beiträgen eine Auszahlungssumme zu erreichen, die ein finanziell sorgenfreies Leben im Alter erlaubt. Das Zusammenfassen der Informationen und die Anwendung in der Praxis sind die einzigen Chancen, *den ersten Schritt* in die richtige Richtung einzuschlagen.

Da es für den einzelnen Sparer in der Regel aus Zeitgründen und an Mangel von aktuellen, wirklich tagesgenauen Marktinformationen jedoch kaum möglich ist, nach diesem ersten Schritt auch die Kontrolle und die Übersicht über die weitere Entwicklung des einmal eingeschlagenen Weges zu behalten, favorisiere ich hier für den Anleger, der eine problemlose, ertragreiche Kapitalanlage sucht, Produkte, die von den besten Fachleuten ständig kontrolliert und angepasst wird.

Es handelt sich hierbei in der Regel um aktiv gemanagte Dachfonds.

Diese müssen nach außergewöhnlich erfolgreichen Methoden arbeiten. Die Auswahl der sogenannten Zielfonds, also der Fonds, in die der Dachfonds investiert, erfolgt nach strengen Regeln, die in der Satzung festgelegt und somit auch der staatlicher Kontrolle unterliegen (BaFin). Als Qualitätsmerkmal muss der aufgenommene Fonds von verschiedenen Ratinggesellschaften eine der besten Bewertungen erhalten. Die besten Bewertungen bekommen jedoch nur die Fonds, die auch langfristig überdurchschnittlich erfolgreich gearbeitet haben und deren Konzept auch für die Zukunft hervorragende Ergebnisse erwarten lassen. Die Bewertungen sollten jeden Monat vorgenommen werden und so kann solch ein Fonds sehr zeitnah immer auf die besten Fonds zugreifen. Diese Ratings sind die Entscheidungshilfen, die gerade Großanleger nutzen, um ihr Geld sicher anzulegen. Denn es zeigt sich immer wieder, dass je größer die Anlagesummen sind, das Sicherheitsbedürfnis der Anleger überproportional steigt.

Hin und wieder hört man im Beratungsgespräch von Kunden, wenn man mit ihnen über Wertpapieranlagen oder anderen Sachwerten spricht, dass Großanleger, Banken und Versicherungen es sich ja auch erlauben können, hier eventuell Geld zu verlieren, denn sie hätten ja genug.

Das Gegenteil ist jedoch der Fall : Keine der genannten Institutionen kann und will es sich leisten, Geld zu verlieren. Jede Bankkrise bestätigt dies. Wenn auch in einzelnen Anlagen einmal Geld verloren geht, gleicht sich dies durch den Gewinn anderer Anlagen mehr als aus. Die breite Streuung bringt diese Sicherheit und der genannte Dachfonds arbeitet mit dem gleichen Prinzip.

Dieses Konzept wurde in einem Statement der renommierten Anwaltskanzlei Thiel (**Prof. Dr. Rolf W. Thiel,** Fachrichtung: **Recht der Finanzdienstleistung**) und Klein überaus positiv beschrieben und auch **Professor Dr. Jörg Finsinger** von der sozial – und wirtschaftswissenschaftlichen Fakultät der **Universität Wien** führt in seinem Gutachten die herausragenden Leistungen dieses Konzeptes auf.

Die Fachkompetenz dieser Personen steht anerkannter Weise außer Frage. Sie bietet damit dem Anleger ein hohes Maß an Sicherheit für die Entscheidung, solch einen Fonds für die persönliche Finanzplanung zu nutzen.

Bis zum **31.12.2003** war der international anlegende Fonds und Dachfonds mit Abstand die sicherste Anlage für den mittel - und langfristigen Vermögensaufbau und hat bis heute seinen hohen Stellenwert erhalten. Die breite Streuung in verschiedene Märkte und verschiedenen Regionen der Welt brachte die benötigte Sicherheit. Die Investition in die Sachwert Aktien ermöglichte die hohe Rendite.

Das Geld sucht sich immer den Weg zu den ertragreichsten Märkten. Somit sind Investments, die weltweit ihr Geld anlegen, jeder Anlage, die sich nur in bestimmten Gebieten oder Branchen bewegt, ab einem bestimmten Zeitraum weit überlegen.

So wie jede Bank, jede Versicherung, Bausparkasse und jeder Großanleger sich Wirtschaftsinformationen von hierauf spezialisierten Unternehmen wie Wirtschaftsprüfungsunternehmen und Ratinggesellschaften besorgt, bevor sie Ihr Geld anlegen, muss auch der Kleinanleger auf Informationen dieser Firmen zurückgreifen können, um sein Geld sicher und renditestark anzulegen.

Die Verkaufstechniken der Vertreter von Versicherungen, Banken und Bausparkassen zielen ausschließlich auf den Verkauf der hauseigenen Produkte und beruhen in der Regel auf Informationen, die diese von Ihren eigenen Gesellschaften erhalten haben. Diese sind jedoch nicht vollständig und beinhalten bei weitem nicht die Informationen, die der Anleger für eine Anlageentscheidung braucht.

Selbst **Vergleiche von Fachzeitschriften** sind genau zu untersuchen. Was nutzt es einem Anleger, der z.B. in einem Vergleich erfährt, das der Fonds „ XXX" der beste deutsche Fonds ist, wenn selbst dessen Ergebnisse nur einen Teil der international anlegenden Fonds erreicht. Der Vergleich mit diesen Fonds hat aber in dieser Untersuchung gar nicht stattgefunden und zeigt dem anlegewilligen Kunden deshalb leider nicht den für ihn besten Fonds.

Dem Verkäufer des deutschen Produktes dient jedoch gerade dieser Vergleich als Beweis seiner Kaufempfehlung. Ebenso ist nicht immer gewährleistet, dass die verglichenen Fonds die gleiche Risikoklasse besitzen oder die vergleichbare Volatilität (Schwankungsbreite) besitzen.

Deshalb sollte immer geprüft werden, ob es verschiedene positive Bewertungen einer Anlage gibt und ob es staatliche Kontrollmechanismen gibt, die die im Prospekt angegebenen Anlagestrategien auch überwachen. Prospekthaftung ist nur dann wirksam und nutzt dem Kunden und Anleger nur dann, wenn ein Prospekt vor Herausgabe von Fachleuten juristisch geprüft und begutachtet wurde.

Zitat:

Denke immer daran: Geld ist nicht alles.

Aber denke auch daran, zunächst viel davon zu verdienen, ehe du so einen Blödsinn denkst.

Gästebucheintrag eines amerikan. Industriellen (Anonym)

Der Premiummarkt

Seit dem 1.1.2004 hat sich der Markt für Anleger, vor allem für Kleinanleger in Deutschland **grundlegend geändert.**

Von den meisten Menschen unbemerkt (*von Banken, Versicherungen und Bausparkassen auch so gewollt*) blieb die Umsetzung der bereits seit dem Jahre 1985 bestehenden Änderungsrichtlinien der EG-Investmentrichtlinie in deutsches , sprich nationales Recht. Diese Richtlinien stellen europäische Mindeststandards dar, die von den einzelnen nationalen Regierungen in konkrete Gesetze umzusetzen waren.

Des weiteren wurden durch die Zusammenführung und Modernisierung des Gesetzes über Kapitalanlagegesellschaften (KAGG) und des Auslandinvestmentgesetzes (AuslInvestmG) einheitliche Regelungen für inländische und ausländische Investmentanteile geschaffen, die nach den Vorstellungen des Gesetzgebers die Attraktivität des Investmentstandortes Deutschland steigern sollen.

Für den Kleinanleger wurden somit Anlagemöglichkeiten geöffnet, die bisher nur den finanzstarken Institutionen und Großanlegern offen standen.

Dieser als **Premiummarkt** bezeichnete Anlagemarkt wird jedoch bis heute von kaum einem Anbieter dem Normalbürger zugänglich gemacht. Die Gründe kennt der aufmerksame Leser dieses Buches natürlich.

Die großen Geldsammelstellen in Deutschland, und das sind nun einmal Banken, Versicherungen und Bausparkassen, die zusammen fast 40% des deutschen Bruttosozialproduktes repräsentieren, haben überhaupt kein Interesse daran, auf die ihnen zu 1 bis 5% Zinsen zur Verfügung gestellten Gelder zu verzichten und ihren Kunden selbst den Zugang zum Premiummarkt zu ermöglichen. Dies würde ja ihre eigene Rendite drastisch senken. Überlegen Sie einmal, ob es im Sinne der Aktionäre dieser Geldinstitute sein könnte, Sie als Kleinanleger an den hohen Renditen ihrer Unternehmen zu beteiligen? Natürlich nicht, werden Sie erkennen.

Es geht um Ihr Geld

Da dauert es fast 20 Jahre, bis Gesetze, die in den meisten Teilen der EU seit langem Gültigkeit haben, auch in Deutschland endgültig umgesetzt werden, und der Kleinanleger erfährt dieses gar nicht.

Was bedeutet dies eigentlich für Sie als Anleger, der nicht wie früher erst mit mindestens 500.000,- Euro in diese Investments einsteigen konnte, jetzt jedoch bereits mit einer Einmalanlage ab 2.000,- Euro oder einer monatlichen Sparrate von 50,- Euro investieren kann?

Nun, dieses Nichtwissen kostet den Anleger oder Sparer einfach nur viel, viel Geld. Geld , das nicht Sie verdienen, sondern, wie bisher auch, die großen Geldsammelstellen. Denn diese investieren ausschließlich in diesen Markt. Oder wie ist es anders zu erklären, dass die Deutsche Bank im Jahre 2005 eine Netto-Rendite in ihrer Bilanz von 25,1% ausweisen konnte, und sie diese **Eigenkapitalrendite** im Jahre 2006 auf über **32%** steigern konnte?

Das Gehalt von über 14 Millionen Euro pro Jahr für den Vorstandsvorsitzenden, die Gehälter der weiteren 19 Vorstände, der Direktoren und der gesamten Belegschaft war hier natürlich schon berücksichtigt, auch alle weiteren Kosten, die solch ein Konzern hat, waren bereits bezahlt. Allein die monatlichen Reinigungskosten der Büros in der Frankfurter Zentrale belaufen sich auf ca. 25.000,- Euro für jeden der beiden Türme. Geld, das erst einmal verdient werden muss: **mit Ihrem Geld**.

Mit diesem für die Deutsche Bank Rekordergebnis, so gab der Vorstandsvorsitzende Dr. Josef Ackermann bekannt, bewege man sich so langsam auf einen Bereich zu, der für die großen Banken der Welt seit ewigen Zeiten Standart ist.

Investitionen in den Premium – Markt sind ab 2.000,- €uro als Einmalanlage

oder ab 50,- €uro monatlicher Sparrate möglich.

Lassen Sie sich also niemals mehr von Ihrer Bank erzählen, dass Renditen von mehr als 7% entweder unseriös oder hoch spekulativ seien. Glauben Sie, dass gerade diese Institutionen mehr als jeder andere Anleger auf ein hohes Maß an Sicherheit bedacht sind.

Worin ist eigentlich die außergewöhnliche Sicherheit zu finden , bzw. begründet ?

Das, was Ihnen die Banken , Versicherungen und Bausparkassen als Garantie anbieten, ist eine sogenannte **Papiergarantie**. Diese Garantie besagt, dass Sie für Ihre Anlage einen bestimmten Zinssatz zugesagt bekommen und Sie hierüber ein Stück Papier *(Vertrag genannt)* erhalten, in dem dieses schriftlich festgehalten wird.

In allererster Linie ist damit garantiert, dass Sie , z.B. für Festgeld 4,5%, diesen Zinssatz erhalten und garantiert nicht mehr, egal, ob Ihre Bank 25 % oder 32 % Gewinn erwirtschaftet. Um Ihnen als Anleger nun diesen Zinssatz garantieren zu können, müssen diese Institute nun einmal ein Vielfaches dieses Wertes verdienen, um nach Abzug aller Kosten und **25 – 30 % Gewinn** diese Garantie zu erfüllen. Mit Sicherheit.

Genau so sicher ist jedoch auch, dass Sie, je nach Bank, in der Regel aber nur 20.000,- Euro über den Einlagensicherungsfonds wirklich abgesichert haben. Im Falle einer Bank-Pleite, und auch so etwas hat es in Deutschland bereits mehrfach gegeben, kann jeder Euro, der hierüber hinausgeht, verloren sein.

Also muss nach Kenntnisnahme der hier nur kurz angerissenen Fakten bereits jetzt klar sein, dass der Markt viel mehr an Rendite erwirtschaftet, als dem sogenannten Kleinanleger bekannt ist.

Systemgarantie nennt man nun die Sicherheit, auf die die Großanleger bauen und diese ist nicht verbrieft, sondern ergibt sich, wie der Name schon sagt, aus dem System als solchem.

Als Systemgarantie bezeichnet man nun z.B. die Garantie, die sich aus dem Handel mit den verschiedensten Gütern in den unterschiedlichsten Märkten ergibt.

Überlegen Sie einmal, mit was man alles handeln kann.

Richtig : mit Allem.

Ob es nun Rohstoffe wie Öl oder Kaffee, Uran oder Kupfer, Nahrungsmittel wie Weizen, Reis, Kartoffeln, Obst und Gemüse, oder Devisen, Aktien, Dienstleistungen, Autos oder Immobilien, Textilien usw., usw. sind, mit denen man handelt, ob die Preise hoch oder niedrig sind, es bleibt immer eine gewisse Handelsspanne für den Händler übrig. Und ein sinken oder steigen des Ölpreises hat wohl wenig mit dem Kaffeepreis oder dem Preis von Schuhen oder Bademoden zu tun.

Wird also das Kapital nur weit genug gestreut, in die verschiedenen Produkte, Branchen und die weltweiten Märkte, ist es systembedingt nach menschlichem Ermessen schier unmöglich, Totalverluste zu realisieren.

Diese Gefahr besteht immer nur dann, wenn zu einseitig in bestimmten engen Märkten und Regionen investiert wird und dieser Markt sich völlig anders entwickelt, als ursprünglich angenommen.

Profis wissen, wie weit sie streuen müssen und welche Märkte sie bedienen müssen, um sich dieser **Systemgarantie sicher** zu sein. Wird nun die Anlagestrategie noch von verschiedenen Wirtschaftsprüfungsunternehmen kontrolliert und Ratinggesellschaften diese Anlagen mit den besten Bewertungen belegen, kann der Kunde also ziemlich sicher sein, sein Geld gut angelegt zu haben.

Wenn wir nun aber wissen, welche Renditen der Markt hergibt und dies mit der einzigen wirklichen Sicherheit, nämlich der, die sich aus dem System des Marktes selbst ergibt, sollten wir auch wissen, wie viel Geld uns dadurch, sprich durch das Vorenthalten dieser Informationen und des Wissens über diese phantastischen Möglichkeiten, verloren geht.

Bemühen wir deshalb noch einmal die Zinseszinstabelle auf der folgenden Seite:

Die hohen Beträge mögen Sie im ersten Moment sicherlich irritieren, lassen sich jedoch mit jedem Renditeprogramm, das Ihnen im Internet kostenlos zur Verfügung steht, nachrechnen.

Einmalanlage							
Jahre	3%	5%	9%	12%	15%	20%	25%
	1.000 €						
	1.000 €	1.000 €	1.000 €	1.000 €	1.000 €	1.000 €	1.000 €
1	1.030 €	1.050 €	1.090 €	1.120 €	1.150 €	1.200 €	1.250 €
5	1.159 €	1.276 €	1.539 €	1.762 €	2.011 €	2.488 €	3.052 €
10	1.344 €	1.629 €	2.367 €	3.106 €	4.046 €	6.192 €	9.313 €
15	1.558 €	2.079 €	3.642 €	5.474 €	8.137 €	15.407 €	28.422 €
20	1.806 €	2.653 €	5.604 €	9.646 €	16.367 €	38.338 €	86.736 €
25	2.094 €	3.386 €	8.623 €	17.000 €	32.919 €	95.396 €	264.698 €
30	2.427 €	4.322 €	13.268 €	29.960 €	66.212 €	237.376 €	807.794 €
35	2.814 €	5.516 €	20.414 €	52.800 €	133.176 €	590.668 €	2.465.190 €
40	3.262 €	7.040 €	31.409 €	93.051 €	267.864 €	1.469.772 €	7.523.164 €
45	3.782 €	8.985 €	48.327 €	163.988 €	538.769 €	3.657.262 €	22.958.874 €
50	4.384 €	11.467 €	74.358 €	289.002 €	1.083.657 €	9.100.438 €	70.064.923 €

Und wenn man die Geschäftsberichte der großen Konzerne liest, und man die Eigenkapitalrendite der global agierenden Unternehmen vergleicht, kann man nur blass werden angesichts der mageren Zinsen, die uns die Banken anbieten :

Allianz 15,6 % in 2006, **E.ON** 19 % in 2005, **Shell** 2005 und 2006 weit über 25%, **Henkel** 27,74% im Jahre 2004. **ThomasLloyd** (Vermögensverwalter) seit Öffnung des Premiummarktes durchschnittlich 26,43 % p. a. *(Stand 4/08)*

Wir könnten hier noch endlos weitere Ergebnisse in dieser Größenordnung aufführen, Renditen, die von den Unternehmen veröffentlicht werden müssen und für jedermann einsehbar sind. Dabei ist noch gar nicht berücksichtigt, dass der Brasilianische Markt **2006** eine Rendite von **26,8%,** der Chinesische Markt **422,8%,** der Indische Markt **45,5 %** und der Russische **323,1%** erwirtschaftete.

Auch der **AWD**, vielen Finanzdienstleistern als erfolgreicher Vertrieb bekannt, konnte im Jahr 2004 eine Eigenkapitalrendite von **42,37%,** 2005 von **25,98%** und 2006 von **34,44%** erwirtschaften. Warum also wird dem Kleinanleger versucht glaubhaft zu versichern, zweistellige Renditen seien auf Dauer nicht möglich?

Bei diesen Zahlen klingt es wie Hohn, wenn die Banken, Versicherungen und Bausparkassen uns mit Zinsen oder Renditen abspeisen, die kaum die Inflationsrate ausgleichen, oft sogar darunter liegen.

Und jetzt überlegen Sie einmal, ob ein Dr. Joseph Ackermann sein Geld in einer kapitalbildenden Lebensversicherung anlegt, oder der Vorstand von Daimler Benz AG sein Vermögen in Bausparverträgen liegen hat, Carsten Maschmeyer (AWD) sein Geld in den von seinem Vertrieb verkauften Anlagen investiert, oder ob alle diese Menschen, die wissen, wie der Kapitalmarkt funktioniert, ihr Geld im sogenannten Premium – Markt investieren und die hohen, sicheren Renditen, die Anlagen in diesem Markt bringen, einstreichen.

Seit dem 01.01.2004 tickt die Uhr für deutsche Kleinanleger anders, besser! Wer die Zeichen erkennt, wird den so wichtigen, **ersten Schritt** tun und diesen Markt für sich entdecken und nutzen.

Zitat:

„TU NICHT WAS BANKEN DIR SAGEN - TU WAS BANKEN TUN"

WARREN BUFFETT *(hat sein Vermögen an der Börse gemacht, seit 2008 reichster Mann der Welt)*

Unterstützung bietet hier unabhängige Unternehmen, die sich ständig am Kapitalmarkt orientieren und ihren Kunden werthaltige, von vielen Fachleuten, Unternehmensberatungen und Ratinggesellschaften geprüfte und staatlich überwachte Anlagen anbieten.

Finanzielle Unabhängigkeit muss nicht mehr nur ein leeres Wort sein oder ein unerfüllbarer Traum bleiben.

Durch die Beteiligungen und Investitionen in den Premium – Markt ist es selbst den sicherheitsorientiertestem Anleger möglich, **garantierte** Erträge in Höhe von zur Zeit **bis zu 8,75%** (*Stand Okt. 08*) für Ratensparverträge zu erzielen. Ertrags- und chancenorientierte Anleger nutzen den Markt , um durch die Systemgarantie Renditen von **jährlich 12 – 25 %** im langjährigen Durchschnitt zu erzielen.

Die Möglichkeit, bei einigen Anlagen monatliche Ausschüttungen wahrzunehmen, gibt dem Anleger die Chance, in Zukunft sogar alle laufenden Lebenshaltungskosten allein aus den Erträgen zu bestreiten und die laufenden Einnahmen für das wirkliche Leben zur Verfügung zu haben. Und dies alles, ohne einen Cent mehr zu sparen, als bisher. Der Anleger kann somit in einem Zeitraum von etwa 20 Jahren für die gleiche Sparleistung den vierfachen Wert an Auszahlung, bei halber Sparleistung immer noch die doppelte Auszahlung erreichen.

Notwendig ist hierfür nur *der erste Schritt*, eine umfassende Beratung unter Einbeziehung aller bestehenden Kapitalanlagen, sei es nun eine kapitalbildende oder fondsgebundene Lebensversicherung, ein Sparvertrag bei der Bank oder ein Bausparvertrag, vielleicht sogar ein Fondssparplan, der nicht zu den 1% der Weltbesten gehört.

Dieser erste Schritt wird Ihr Leben grundlegend zum besseren wenden können und Ihnen eine finanzielle Freiheit gewähren, wie Sie sich diese immer vorgestellt haben.

Der Markt bietet Ihnen, wie Sie diesem Buch entnehmen können, diese Chance. Jetzt müssen Sie diese nur nutzen. Machen Sie den ersten Schritt.

Vermögen mit Immobilien

Die vermietete Immobilie

Schauen Sie sich einmal in Ihrer Umgebung um und erkennen Sie, dass wirklich vermögende Menschen immer auch über Immobilienbesitz verfügen. Das hat sicherlich gute Gründe.

Zum einen ist die Immobilie ein Sachwert, der als Inflationsgewinner zu betrachten ist und nicht der laufenden Geldentwertung unterliegt. Zum anderen ist der Erwerb einer vermieteten Immobilie vielfach auch aus steuerlichen Gründen in Erwägung zu ziehen.

Die Finanzierungskosten werden zum großen Teil durch die erzielten Steuerersparnisse und den Mieteinnahmen getragen. Das ist mit einem Grund, warum sich der Kauf vermieteter Immobilien hervorragend als ein sicherer Baustein für die Altersabsicherung eignet und die Mieteinnahmen im Alter, wenn die Finanzierung abgeschlossen ist, das Einkommen als Rentner verbessert.

Vielfach sind jedoch die nachfolgenden Gründe ein Hindernis, sich mit dem Erwerb einer Wohnung oder eines Hauses zu befassen:

Viele Menschen glauben, das man zu den Besserverdienenden gehören muss, um sich eine Immobilie leisten zu können. Doch für den Einstieg in den Vermögensaufbau mit Immobilien ist zunächst eine vermietete Wohnung zu empfehlen.

Auf der einen Seite kann man hier bereits ab einem Nettoeinkommen von 1.800,- Euro bei Ledigen und 2.200,- Euro bei Verheirateten *(pro Kind werden zusätzlich 150,- Euro)* eine tragbare und akzeptierte Finanzierung darstellen , auf der anderen Seite sind die Belastungen nicht so hoch, als dass sie nicht eine zeitlang auch bei Leerstand der Wohnung zu tragen wäre.

Zitat:

Wer eine sichere Kapitalanlage sucht, sollte in Steuern investieren: Die haben immer steigende Tendenz !

Willy Meurer, (*1934),
deutsch-kanadischer Kaufmann, Aphoristiker und Publizist, M.H.R. (Member of the Human Race), Toronto

Das finanzielle Risiko bei Investitionen in **vermietete Eigentumswohnungen** ist **deutlich geringer**. Für den Zustand des gesamten Hauses ist der Verwalter verantwortlich. Ein Rücklagefonds deckt die notwendigen Renovierungen und im Protokoll der Eigentümerversammlung kann man sich über die bevorstehenden Instandhaltungen informieren.

Beim Einfamilienhaus ist meist der Kaufpreis um einiges höher. Eine notwendige Renovierung an der Heizung oder dem Dach tragen Sie alleine. Ein Leerstand bei einer höheren monatlichen Belastung kann so schnell in die Insolvenz führen. Oft deckt sich durch den höheren Einstiegspreis die Miete bei weitem nicht. Bei finanziellen Engpässen wie etwa durch Arbeitslosigkeit, Scheidung oder Krankheit kann ein hochverschuldetes, vermietetes Haus schnell der persönliche Ruin sein. Nicht selten werden vermietete Immobilien zwangsversteigert.

Bei einem **Mehrfamilienhaus** ist vor allem der erhöhte Arbeitseinsatz für die Verwaltung zu bedenken. Mieterwechsel bringen eine Menge Arbeit mit sich. Heizung, Strom und Wasser muss genau abgerechnet werden, einen neuer Mieter muss gesucht werden, Mietverträge vorbereitet werden, normale Instandhaltung und Instandsetzung durch Beschädigungen und Vandalismus,
ständige Anrufe und Beschwerden von Mietern können die Folge sein.

Diese Arbeiten erledigt natürlich auch ein Verwalter. Jedoch kostet diese Dienstleistung Geld und dadurch Rendite. Deshalb sollte bei der Auswahl eines vermieteten Mehfamilienhauses eine gut durchdachte Kalkulation absolute Voraussetzung sein.

Weitere Risiken sehen viele Menschen, die gerne in Immobilien investieren würden, aber auch in der Gefahr, das die finanzierende Bank das bestehende Darlehen nicht prolongiert, d.h., das die Bank die Anschlußfinanzierung ablehnt oder wegen strengerer Vergaberichtlinien, wie z.b. Basel II, einen deutlich höheren Zinssatz verlangt. Die zurzeit noch sehr günstigen Zinsen sollten deshalb möglichst langfristig festgeschrieben und somit gesichert werden.

Diese Risiken bestehen jedoch meistens in der Unwissenheit der Kapitalanleger und der dadurch begangenen Fehler. Der richtige Bauträger, die richtige Lage , der richtige Mieter und die richtige Finanzierungsvariante werden heute von Unternehmen angeboten, die langjährige Erfolge im Verkauf von Immobilien nachweisen können. Der informierte Immobilienbewerber nutzt jedoch die sich aus dem Objekt und der Anlageart ergebenen Vorteile :

Steuern sparen

Er profitiert von den ernormen Steuervorteilen, denn bei der Finanzierung vermieteter Objekte sind die Zinsen als Werbungskosten bzw. Betriebsausgaben steuerlich abzugsfähig. Darüber hinaus haben Vermieter weitere Abschreibungsmöglichkeiten zur Senkung ihrer Steuerschuld. Des Weiteren kann eine Immobilie wegen der hohen Freibeträge in der Regel steuerfrei an die Angehörigen vererbt werden. Die Gewinne aus dem Verkauf einer Immobilie sind nach Ablauf der Spekulationsfrist von 10 Jahren (*Stand Nov. 2008*) steuerfrei

Inflationssichere Kapitalanlage

Die Immobilie ist vor Geldentwertung sicher. Das Vermögen bleibt so dauerhaft geschützt.

Renditestarke Kapitalanlage

Im Vergleich zu Geldanlageformen des Finanzmarktes ist die Immobilie als Sachwert langfristig immer noch eine Kapitalanlage mit attraktiver Rendite. Immobilien in guter Marktlage werden auch in Zukunft von steigenden Mieten und stetigen Wertentwicklungen profitieren und somit eine hervorragende Kapitalanlage sein. Ein

Mieter zahlt bei einer heutigen Miete von z.B. 560,- Euro und einer angenommenen Mietsteigerung von 2,5% *(der RDM nennt durchschnittliche Mietsteigerungen der letzten 25 Jahre von ca. 3,3%, diese Zahlen nennt auch das Statistische Bundesamt in Wiesbaden)* seinem Vermieter einen Betrag von insgesamt ca. 230.000,- Euro.

Sicherheit durch Mietgaranten

Der Markt bietet dem interessierten Immobilien – Anleger heute eine ganze Reihe von Sicherungen. Die Mietgarantie von solventen professionellen Garantiegebern ist nur eine davon, die dem Anleger die Gefahr des Leerstandes nimmt. Verwaltungsgesellschaften übernehmen die Vermietung der Objekte und regeln die korrekte Abrechnung mit dem Mieter.

Gute Anbieter von vermieteten Immobilien zeichnen sich deshalb durch ein breites Angebot der verschiedenen Immobilienobjekte wie Neu- und Gebrauchtimmobilien, Gewerbeimmobilien, denkmalgeschützte Objekte oder auch Nato-Immobilien mit staatlicher Mietgarantie sowie durch einen umfassenden Service bezüglich der Betreuung des Objektes, der Mieter und einer professionellen Verwaltung aus.

Unter diesen Voraussetzungen ist der Erwerb von vermieteten Immobilien eine sehr lukrative und empfehlenswerte Kapitalanlage.

Vermögensverwalter erzielen mit Investitionen im Gewerbeimmobilien – Bereich dauerhaft 2-stellige Renditen.

Der Traum vom Eigenheim

Neben der Hochzeit und der Geburt der Kinder ist wohl die Anschaffung oder der Bau eines eigenen Hauses oder der Erwerb einer Eigentumswohnung für die meisten Menschen **das größte Erlebnis im Leben.**

Nicht selten wird er zum Albtraum

Vielfach zerbricht dieser Traum jedoch schon, wenn man sich die Voraussetzungen zum Erwerb einer eigenen Immobilie anschaut. Für die Finanzierung von Wohneigentum setzen die Banken in aller Regel voraus, dass Kreditnehmer mindestens 20 Prozent des Beleihungswertes durch Eigenkapital einbringen. Damit können theoretisch bis zu 80 Prozent fremdfinanziert werden. Kreditnehmer sollten sich jedoch auf einen höheren Eigenkapitalbedarf einstellen und sich Reserven für die anstehenden zusätzlichen Kosten wie Notarkosten (1,5% des Kaufpreises), Grunderwerbssteuer (3,5% des Kaufpreises) und die Maklercourtage (3% -6% plus MwSt.) vorhalten. Denn der Beleihungswert entspricht in der Regel nicht dem Kauf- oder Baupreis, weil die Kreditinstitute hier immer einen Sicherheitsabschlag vornehmen.

Hinzu kommen Risiken, über die der zukünftige Eigenheim – Besitzer häufig im Unklaren gelassen wird. Was passiert, wenn unvorhersehbare Dinge eintreten wie Scheidung, Unfall, Krankheit, Arbeitslosigkeit oder sogar Tod ? Oft sind die Finanzierungskosten nicht mehr zu tragen und die Immobilie kommt in die Zwangsversteigerung. Das Haus oder die Wohnung sind weg, das Eigenkapital ebenfalls und nicht selten bleiben noch hohe Schulden übrig.

Ein weiteres Risiko stellt die sogenannte Basel II – Regelung dar. Basel II bezeichnet die Gesamtheit der Eigenkapitalvorschriften, die vom Basler Ausschuss für Bankenaufsicht in den letzten Jahren vorgeschlagen wurden. Die Regeln müssen gemäß den EU-Richtlinien 2006/48/EG und 2006/49/EG seit dem 1. Januar 2007 in den Mitgliedsstaaten der Europäischen Union für alle Kreditinstitute und Finanzdienstleistungsinstitute angewendet werden .

Diese Regelungen sind zum großen Teil strenger als die bisherigen und so kann es passieren, dass eine Bank den neuen Richtlinien entsprechend, eine bestehende Finanzierung nicht prolongiert, eine Anschlußfinanzierung also ablehnen muss, selbst wenn sich die Bonität des Kreditnehmers nicht verschlechtert hat. Die Auswirkungen kennt natürlich jeder. Die Bank stellt das Darlehen fällig und wenn der Kreditnehmer den noch offenen Betrag nicht aufbringen kann, droht wieder die Zwangsversteigerung mit den bereits beschriebenen Folgen.

Darüber hinaus besteht das Risiko, dass eine Bank, weil sie Geldbedarf hat (die Bankenkrise lässt grüßen), Hypotheken und Grundschulden weiter verkauft. Der Erwerber stellt jetzt sofort die Darlehen fällig. Die Presse und das Fernsehen haben in den letzten Monaten wiederholt Berichte gesendet, in denen Eigenheimbesitzer hierdurch von ihren eigenen Banken in den finanziellen Ruin getrieben wurden, obwohl die Zins- und Tilgungsraten immer regelmäßig gezahlt wurden.

Nicht selten sind die Forderungen der neuen Inhaber dieser Schuldverschreibungen sogar höher, als die eigentliche Restschuld bei der Bank, bei der die Finanzierung abgeschlossen wurde. Dies ist durch eine Gesetzeslücke möglich, da die Bank die Hypothek und die eigentliche Grundschuld einzeln verkauft. Auch wenn der Kreditnehmer die Bank zu Schadensersatz verklagen kann, ist es fraglich, ob dem Kreditnehmer noch die finanziellen Mittel zur Verfügung stehen, gegen eine Bank zu klagen. Die Immobilie ist bis dahin jedoch längst zwangsversteigert, meist zu einem Preis weit unter Wert.

Muss deshalb jedoch der Traum vom Eigenheim auf immer ein Traum bleiben ?

Nein, natürlich nicht. Zum einen kann man mit Sicherheit feststellen, dass normale Bankfinanzierungen, oft kombiniert mit Bausparverträgen, in der Vergangenheit sehr häufig problemlos funktioniert haben, auch wenn allein in 2007 über 92.000 Zwangsversteigerungen durchgeführt wurden (*die Jahre vorher zeigen ähnlich hohe Zahlen*). Zum Anderen heißt ja nicht, dass vorhandene Risiken auch zwangsläufig eintreten müssen.

Als Alternative wird immer häufiger der sogenannte Mietkauf oder die optimierte besondere Form dieses Konzeptes, der Optionskauf , gesehen. Bereits seit den 70er Jahren besteht das Mietkauf- Modell, ist jedoch durch einige schwarze Schafe in der Branche, die auf diesem Wege minderwertige Immobilien zu überhöhten Preisen verscherbelt hatten, arg in die Kritik geraten.

Das heute angebotene optimierte Optionskauf-Konzept bietet jedoch die Möglichkeit zum Erwerb der selbst ausgesuchten Traum-Immobilie, egal, ob als Bestands – oder Neubau-Objekt. Auch hier wird natürlich Eigenkapital benötigt, doch in der Regel liegt dies deutlich unter den Forderungen der Banken und wird somit für einen größeren Kreis von potentiellen Immobilienkäufern interessant.

Leider hat sich dieses System immer noch nicht in Deutschland durchgesetzt . Vor allem, weil es auch für Makler und Banken nur wenig interessant ist. Denn ohne Zinsen und Provisionen gibt es dabei kaum was zu verdienen.

Mietkauf eignet sich daher vor allem für Personen, die nicht den benötigten finanziellen Hintergrund haben. Denn eine **Anzahlung** *(dem Eigenkapital gleich zu setzen)* fällt meist, viel geringer aus als beim Kauf eine Objektes.

Der Optionskauf bietet darüber hinaus jedoch eine ganze Reihe weiterer Vorteile :

Das Bauen oder Erwerben einer Wunsch-Immobilie ohne Kredit, ohne Schulden und ohne Zins – und Tilgungsleistungen ermöglicht es, weitgehend sorgenfrei zum neuen Eigenheim zu kommen.

So steht dem hohen Sicherhoitsbedürfnis junger Familien das Risiko einer klassischen Finanzierung häufig im Wege. Durch das Optionskauf-Konzept lassen sich durch wesentlich geringere Eigenmittel (auch Ratenzahlungen sind möglich) oft schneller die Träume verwirklichen und das Familienglück ohne hohe Schuldenberge im eigenen Heim ruhiger genießen.

Die hohe Flexibilität dieses Konzeptes entspricht auch dem Wunsch gerade von Singles. Wer möchte sich schon gerne ein Eigenheim finanzieren, ohne zu wissen, wohin einen der berufliche oder private Weg noch führt. In dieses Konzept kann investiert und ein Vermögen aufgebaut werden, ohne eine endgültige Entscheidung treffen zu müssen. Ein dreimonatiges Kündigungsrecht lässt einen ausreichenden Spielraum, um auf mögliche Veränderungen der Lebenssituation zu reagieren.

Auch Menschen, die das Alter von 50 Jahren überschritten haben, haben mit dem Optionskauf-Konzept zahlreiche Vorteile Sie benötigen keinen Kredit (dessen Bedingungen in diesem Alter oft nicht einfach zu erfüllen sind) Sie haben keine Schulden und sind in jeder Hinsicht flexibel, es erlaubt altergerechtes und barrierefreies bauen oder kaufen. Sie können Ferienwohnungen am Meer, in den Bergen oder am Rande einer Großstadt erwerben.

Der Optionskaufvertrag ist nach den gesetzlichen Bestimmungen vererbbar und überlässt es ihren Nachkommen, zu entscheiden, wie sie diesen Vertrag weiterführen. Auch eine Untervermietung ist erlaubt.

Werden bestehende Immobilien zu einer Belastung, erlaubt dieses Konzept eine **Kapitalisierung des Objektes**. Damit eine Finanzierung nicht im Alter zu massiven Einschränkungen führt, lassen sich hierdurch finanzielle Freiräume schaffen und man kann einen finanziell sorgenfreien Lebensabend genießen.

Für Selbständige und Unternehmer wird es im Zuge von Basel II immer schwieriger, überhaupt Kredite zu erhalten. Mit dem Optionskauf-Konzept kann der Selbständige zu seinem Eigenheim kommen, ohne seinen vorhandenen Kreditrahmen durch Hypotheken und Grundschulden einschränken zu müssen. Die Höhe seiner monatlichen Wohnraum - Aufwendungen bleibt über 25 Jahre auf heutigem Wert garantiert und er erhält die Option, jederzeit das Objekt zum heutigen Wert zu kaufen.

Verkauft ein Unternehmer oder sonstiger Immobilienbesitzer seine bestehende, bezahlte Immobilie dem Optionskauf-Anbieter, kann er damit seine Liquidität deutlich erhöhen und sich neue finanzielle Spielräume   schaffen und erhält grundbuchlich gesichert das Versprechen, die Immobilie für die ursprünglich erhaltene Summe zu jedem Zeitpunkt zurückzukaufen.

Welchen finanziellen Vorteil der Optionskäufer gegenüber einem Mieter hat, zeigt Ihnen nachfolgende Tabelle :

Ein Mieter zahlt z. B. für eine 80 qm -Wohnung zurzeit 560,- Euro Miete. Bei einer angenommenen Mietsteigerung von 2,5% pro Jahr *(Mietindex lt. Stat.Bundesamt 3,2% im Bundes-Ø der letzten 25 Jahre)* wird die Höhe der Mietzahlung in 25 Jahren rund 1.012,- Euro betragen. Insgesamt zahlt der Mieter in dieser Zeit 229.540,- Euro an seinen Vermieter.

Dieser Mieter hat aber von den Möglichkeiten des Premiummarktes gehört und nutzt eine Finanzierungsvariante der IPM-Partner. Er lässt sich eine 80 qm-Wohnung für 120.000,- Euro kaufen und zieht in dieses Objekt als Mieter ein *(er hat sich diese Wohnung selbst ausgesucht)*.

Er erhält eine Zusage über **4,5% Zinsen** und **1,1% Tilgung** / Ansparen. Und dies für 25 Jahre fest. Natürlich hat er ein Vorkaufsrecht für den Fall, dass er die Wohnung jederzeit oder nach 25 Jahren kaufen will. Und dies sogar zum ursprünglichen Preis von 120.000,- Euro, grundbuchlich gesichert.

die Mietzahlungen belaufen sich somit für die nächsten 25 Jahre auf insgesamt **nur noch 168.00,- Euro**	
Preisvorteil gegenüber der bisherigen in Zukunft um 2,5% jährlich steigenden Miete	61.540,- Euro
die Tilgung von 1,1% wird für den Mieter auf seinen Namen (über Grundbuch abgesichert) zu angen. 6% angelegt. Dies ergibt in 25 Jahren ein **Guthaben von**	76.766,- Euro
Die Wertsteigerung der Wohnung (*lt. RDM 3,5% im Ø d. letzten 25 Jahre*) angenommen mit 3 % ergibt einen Marktwert von dann **über 250.000,- Euro.** Dies ergibt einen weiteren **Vorteil in Höhe von**	130.000,- Euro
Gesamt - Vorteil	**268.306,- Euro**

Allein der Betrag aus der gesparten Mietsteigerung und dem Ertrag der Spar-Anlage zur Tilgungsaussetzung kann der Mieter, wenn er es denn wünscht, den ursprünglichen Kaufpreis zahlen und wohnt ab sofort mietfrei in den eigenen vier Wänden.

Investiert er nur einen geringen Teil der Mietersparnis der folgenden Jahre in lukrative Anlageformen des Premiummarktes, bietet dies dem gesamten Konzept ein weiteres hohes Sicherheitspotenzial.

Der Traum vom Eigenheim ist somit für sehr viele Menschen erreichbar.

Dieses System wird in England übrigens schon seit Jahrzehnten genutzt. Die Eigenheimquote in Großbritannien liegt laut der englischen Regierung etwa bei 70 % . In Deutschland bisher leider nur bei etwa 43 % .

Hier besteht also noch echter Nachholbedarf, Das Optionskaufkonzept bietet die idealen Voraussetzungen, schuldenfrei zum Eigenheim zu gelangen.

Die Bankenkrise

Die Finanzkrise 2007, ausgelöst durch die unverantwortlich leichtsinnig vergebenen Immobilienkredite in den USA, zeigt nun mehr als deutlich, wie wichtig es ist, die in diesem Buch angesprochenen Kriterien für eine erfolgreiche Kapitalanlage zu beachten.

Durch die äußerst günstigen Kreditkonditionen wurde zunächst der Umsatz im Immobilien - und Bau-Bereich gepuscht und man glaubte, dieser Boom würde unendlich weitergehen. Auch die Banken machten traumhafte Gewinne.

Durch die schrittweise Erhöhung des Leitzinses ab 2004 von ursprünglich 1% auf 5,25% stieg in der Folge das Hypothekenzinsniveau an, wodurch die Immobilienpreise zunächst stagnierten. Die Anpassung, sprich Erhöhung der variablen Hypothekenkredite führte zu einem unerwarteten Zahlungsausfall, der nicht mehr durch den Anstieg des Häuserpreises finanziert werden konnte. Daraus folgte letztendlich eine Vielzahl von Zwangsversteigerungen der beliehenen Immobilien.

Die stark gestiegene Ausfallrate der Subprime-Kredite (*Kreditnehmer mit geringer Bonität*) führte zu einem Überangebot an Häusern am Immobilienmarkt, wodurch der Preisverfall der Immobilien ausgelöst worden ist und es verloren die zwischenzeitlich weltweit verstreuten verbrieften Wertpapiere (ABS) dramatisch an Wert.

Da diese jetzt wertlosen Papiere aber als Sicherheiten für andere Forderungen der Banken dienten, brach nach den Banken (*mit der Insolvenz von Lehman Brothers am 15. September 2008, nachdem eine staatliche Rettung ausgeblieben war, kam der Interbankenmarkt weltweit zum Erliegen*) auch der Wertpapiermarkt zusammen und führte zu veringerter Kreditvergabe an Unternehmen, was wiederum zu Insolvenzen selbst namhafter internationaler Firmen führte und somit von einer „Bankenkrise" über eine allgemeine „Finanzkrise" zur größten „Weltwirtschaftskrise", die die Menschheit je erlebt hat, führte. Massenentlassungen weltweit sind bis heute an der Tagesordnung.

Viele der kreditgebenden Banken der Vereinigten Staaten haben jedoch früh genug ihre Kredite in speziellen forderungsbesichertes Wertpapiere *(englisch: „asset-backed security", kurz „ABS")* zusammengefasst und an „gierige Banken", unter anderem auch an deutsche Landesbanken, in Europa verkauft. Als dann bekannt wurde, dass die Kredite nicht mehr bedient werden konnten, platzte die Blase und hunderte von Milliarden Dollar lösten sich in Luft auf.

Die Krise ist also Folge eines spekulativ aufgeblähten und überhitzten Wirtschaftswachstums in den USA und einer weltweiten kreditfinanzierten Massenspekulation.

In den USA sind Stand Januar 2010 bereits 140 Banken pleite gegangen, einige große konnten nur durch staatliche Rettungsmaßnahmen in Höhe von über 700 Milliarden US – Dollar vor dem Zusammenbruch bewahrt werden.

In Deutschland hatten insbesondere die staatlichen Landesbanken – mangels Fähigkeit der Risikoerkennung - stark in die Subprime Wertpapiere der US- Baufinanzierer investiert. Mit dem Wegfall der „faulen Kredite" mussten zunächst die Sachsen LB und die IKB Deutsche Industriebank hohe Abschreibungen vornahmen, die die Bankhäuser in eine existenzbedrohende Krise stürzten. Diese erfasste auch die Bayern LB und West LB, deren milliardenschwere Verluste durch Finanzspritzen der Länder ausgeglichen werden musste. Auch hier stieg der Geldhandel unter den Banken, der für das gewinnbringende Wirtschaften der Häuser äußerst wichtig ist, auf ein sehr hohes Zinsniveau an, was trotz Gegensteuerung der EZB eine Reihe von Banken in ernste Liquiditätsprobleme brachte.

Insbesondere die Hypo Real Estate geriet in bedrohliche Liquiditätsprobleme, da es einer Tochtergesellschaft der Bank, der Depfa Bank Irland, aufgrund des hohen Zinsniveaus nicht gelang, anfallende Verbindlichkeiten durch Kreditaufnahme zu finanzieren.

Den Gesamtschaden beziffert der Internationale Währungsfonds (IWF) weltweit mit Stand August 2009 auf 11,9 Billionen US-Dollar. Nach Statistiken von Eurostat ging die Industrieproduktion in der Eurozone von ihrem Höhepunkt im Frühjahr 2008 bis zum Frühjahr 2009 um mehr als 20 % zurück. Der Rückgang der Industrieproduktion ist damit mehrfach stärker als im ersten Jahr der Weltwirtschaftskrise 1930 in Deutschland und den USA zusammen.

Subjektiv betrachtet hat die aktuelle Finanzkrise ihren Ursprung, wie wir soeben erfahren haben, im US-amerikanischen Subprime Markt. „Subprime-Kredite" sind aber Kredite, die **wissentlich** an Verbraucher mit geringer Bonität vergeben werden. Die Banken haben also ganz genau gewusst, was sie tun. Die Finanzierungsgeber müssen hier regelmäßig Ausfälle verbuchen - so genannte "faule Kredite" - diese Verluste sind jedoch einkalkuliert und rechnerisch durch höhere Zinsen und andere Tilgungsmodalitäten gegenfinanziert.

Volkswirtschaftlich problematisch war jedoch, dass am US-Immobilienmarkt zu viele Hypothekenkredite an Schuldner geringer Bonität vergeben wurden. Aufgrund der Niedrigzinspolitik nach der weltweiten **Dotcom-Krise** (*im März 2000, Unternehmen der New Economy konnten die hohen Gewinnerwartungen nicht erfüllen. Folge : dramatischer Kursverfall*) erreichte insbesondere das Hypothekenzinsniveau von variabel verzinslichen Krediten einen absoluten Tiefstand.

In Verbindung mit der Annahme (wohl mehr Hoffnung) dauerhaft steigender Immobilien-Preise und niedrigen Zinskosten wurde die Vergabe von Subprime-Krediten stark ausgeweitet, was die Immobilienpreise vorerst weiter verteuerte und den Investoren immense Gewinne bescherte.

An diesen Gewinnen wollten auch die europäischen Banken teilhaben. Diese Gier jedoch verschleierte den Blick für die Risiken.

Objektiv betrachtet jedoch ist festzuhalten, dass unser über Jahrzehnte hinweg bewährte "kapitalistische" Geldsystem und die damit verbundene Zins- und Zinseszins - Mentalität, die eigentlichen Ursachen der heutigen Finanzkrise sind und dass eine Bankenkrise (laut Expertenmeinung) längst überfällig war.

Doch wer hält die eigentliche Macht in Händen? Wer ist das"kapitalistische Geldsystem"? Von wem wird es gesteuert?

Sind es die reichen Industrienationen, allen voran die USA? NEIN, weit gefehlt !

Zitat:

»Gebt mir die Kontrolle über die Währung einer Nation, dann ist es für mich gleichgültig wer die Gesetze macht.«
Meyer Amschel Rothschild

Das gesamte Weltwirtschaftssystem wird von nur wenigen sehr, sehr reichen Familien gesteuert.

Aber wie soll so etwas möglich sein, werden Sie sich jetzt fragen. Im Jahre 1913 geschah in den USA das Unglaubliche. Einem Bankenkartell, bestehend aus den weltweit führenden Bankhäusern Morgan, Rockefeller, Rothschild, Warburg und Kuhn-Loeb, gelang es in einem konspirativ über Jahre vorbereiteten Handstreich, das amerikanische Parlament zu überlisten und das *Federal Reserve* System ins Leben zu rufen – eine amerikanische Zentralbank, die nur ein Zusammenschluss US-amerikanischer Privatbanken ist, die jeweils für sich seit ihrer jeweiligen Gründung im Besitz der Hochfinanz, also der mächtigen Familien sind.

Die *Federal Reserve* ist also keine Institution der amerikanischen Regierung und untersteht demnach auch nicht deren Weisungen. Diese absolut unabhängige Gesellschaft befindet sich in Privatbesitz, bestehend aus zwölf regionalen *Federal-Reserve*-Banken, die vielen kommerziellen Mitgliedsbanken gehören.

Die **JP Morgan Chase & Co.** (Vermögenswert 2,25 Billionen Dollar) ist die größte US-Bank, gefolgt von der **Citigroup** mit einem Vermögenswert von 2,05 Billionen Dollar, die gleichzeitig der Eckpfeiler des **Rockefeller-Imperium**s ist. Beide Banken sind darüber hinaus auch die zwei größten Anteilseigner der *Federal Reserve of New York*, die wiederum im ganzen *Fed*-System die Aktienmehrheit besitzt.
Aus offiziell unbestätigten Meldungen besitzt allein die Rockefeller-Bankengruppe gegenwärtig 22% der Aktien der Federal Reserve

Bank of New York und 53% der Anteile am gesamten Federal Reserve System.

Die Möglichkeit, unbegrenzt Geld drucken zu können und das Zinsniveau zu bestimmen, erlaubt es den Eigentümern der mächtigsten und somit einflussreichsten Zentralbank der Welt, die Finanzmärkte ganz nach belieben zu manipulieren.

Dies ist, wie nachfolgende Zahlen belegen, auch immer wieder geschehen:

An der New Yorker Börse gab es in der Vergangenheit immer wieder wirtschaftliche Rezessionen und Kursstürze mit gleichartigen Auswirkungen auf alle übrigen Weltbörsen, denen Zinserhöhungen des Federal Reserve System vorangegangen waren:

1936–1937 fielen die Aktienkurse um 50%, 1948 um 16%, 1953 um 13%, 1956 um 13%, 1957 um 19%, 1960 um 17%, 1966 um 25%, 1970 um 25%. Auch der Börsen-Crash im Oktober 1987, die Kursstürze 1990, 1992, 1998 und zuletzt die schwere Baisse vom April 2000 bis März 2003 sind ebenso wie die aktuelle Krise im August/September 2007, deren Auswirkung ungewiss ist, sind hierauf zurückzuführen.

Und so geschieht etwas, was der kleine Mann auf der Straße niemals für möglich gehalten: Das System läuft aus dem Ruder, die Gier war zu groß.

Im Zuge der vielen milliardenschweren staatlichen Rettungspakete, die die Auswirkungen der aktuellen Krise lindern sollten, drohen ganze Staaten an den Kosten zugrunde zu gehen.

Nach dem im Oktober 2008 erfolgten Staatsbankrott von Island, verhinderte im Oktober 2007 Ungarn, als erstes EU-Mitgliedsland, in letzter Sekunde eine staatliche Zahlungsunfähigkeit. Durch Kredite des IWF, der EU- und der Weltbank wurden dem osteuropäischen Land 20 Milliarden Euro zur Verfügung gestellt, um den Zahlungsverpflichtungen weiter nachkommen zu können.

Der nächste EU-Staat, der Finanzhilfen benötigt ist Estland. Estland hat ein hohes Leistungsbilanzdefizit und eine enorme Verschuldung des Privatsektors, diese wird auf 96 Prozent des Bruttoinlandproduktes beziffert.

Rumänien, Bulgarien, Lettland und Litauen sind ähnlich hoch verschuldet und werden demnächst ebenfalls Finanzhilfen benötigen, um von der Bankrott-Warnliste wieder gestrichen zu werden.

Angesichts der explodierenden Verschuldung vieler EU-Mitglieder warnen Experten vor weiteren drohenden Staatspleiten in Europa :

Griechenland : Das hochverschuldete Griechenland ist Europas größtes Problem. Die Schuldenquote, also das Verhältnis zwischen Staatsschulden und Bruttoinlandsprodukt, liegt weit über 100 Prozent, bei steigender Tendenz. Das Haushaltsdefizit beträgt 2009 fast 12,7 Prozent des Bruttoinlandsprodukts.

Portugal :Schuldenquote: 77,4 Prozent des nationalen BIP Haushaltsdefizit: 9,3 Prozent des nationalen BIP (2009), viele Anleger verlieren das Vertrauen in die Kreditwürdigkeit des Landes

Irland :Das Haushaltsdefizit ist fast so hoch wie in Griechenland, es beträgt 12,5 Prozent des Bruttoinlandsprodukts. Die irische Konjunktur ist 2009 um 7,5 Prozent eingebrochen

Spanien: Spanien wird nach den Prognosen des Weltwährungsfonds (IWF) als einziges größeres Land in der EU 2010 kein Wachstum erzielen. Und es gibt Befürchtungen, dass die Staatsschulden in den kommenden Jahren rasch wachsen werden. Das Haushaltsdefizit ist 2009 auf 11,2 Prozent hochgeschnellt

Italien :Schuldenquote: 115,1 Prozent des nationalen BIP (2009) Haushaltsdefizit: 5,3 Prozent des nationalen BIP (2009), BIP-Wachstum: -4.8 Prozent (Prognose 2009) *Quelle: Prognose der italienischen Regierung, September 2009* Die Rating-Agentur Fitch kritisierte kürzlich, dass so gut wie alle Maßnahmen zum Abtragen der Schulden auf unbestimmte Zeit verschoben worden sind.

Wieso versuchen unsere schlauen Politiker eigentlich, eine Krise, die durch Überschuldung entstanden ist, durch neue Schulden zu überwinden ? Wo nichts ist, kann man nichts zurückzahlen. Allerdings macht sich die Hochfinanz, letztlich also wieder die privaten Eigentümer der FED, die hinter IWF und Weltbank stehen, dadurch diese Länder und deren Regierungen noch weitergehend von sich abhängig. Ist das eine Lösung im Sinne der Bürger dieser Länder?

Der erste Schritt zur Rettung der US-Banken mit dem Geld der Steuerzahler hat die unvorstellbare Summe von 700 Milliarden Dollar gekostet, obwohl man den Banken bereits 500 Milliarden Dollar übergeben hatte und die europäischen Regierungen ihrerseits Milliarden an die von der Krise betroffenen Banken übergeben hatten.

Die in Zahlungsnot geratenen Immobilienbesitzer hätte man mit einem Bruchteil dieser Beträge retten können. Die Rettung der sogenannten *„systemrelevanten Banken"* kostet den Steuerzahlern und Anlegern, wie bereits zuvor erwähnt, laut dem IWF weltweit insgesamt 11,8 Billionen US-Dollar.

Warum sind bestimmte Banken jetzt eigentlich systemrelevant?

Die Massenmedien erklären das NICHT. Und es ist auch klar, warum Sie das nicht tun. Es ist eigentlich ganz einfach!

Banken wie in Deutschland z.B. die Hypo-Real-Estade, sind deswegen angeblich systemrelevant, weil es genau dies Banken sind, die über Staatsanleihen verfügt.

Oder andersherum.

Der Staat ist bei den sogenannten systemrelevanten Banken sehr hoch verschuldet. Würden diese systemrelevanten Banken jetzt pleite gehen, wäre die Rückzahlung der Kredite sofort fällig .

Jetzt versteht man auch, warum die Staaten solche Banken retten MUSS.

Die Staaten können aber ihre Kredite nicht auf einmal zurückzahlen. Kein Staat wäre dazu in der Lage. Darüber hinaus wäre es doch höchst peinlich, wenn solch eine Tatsache bekannt werden würde. Das währe gleichbedeutend, mit dem Satz: Der Staat ist zahlungsunfähig. Das können sie weder erzählen, noch verbreiten, noch zulassen.

Es geht also nicht darum irgend jemanden zu retten, der Bank oder der Wirtschaft zu helfen!!

Es geht hier nur darum, das kaputte, korrupte, kranke, verbrecherische Hochfinanz-System am Leben zu erhalten.

Wie krank muss ein System sein, dass so widersinnig handelt ?
Wie blind müssen die Bürger sein, die dieses nicht erkennen ?

Um es ganz klar zu sagen, ein Zusammenbruch des Bankensystems musste vermieden werden. Dies hätte gerade die kleinen Leute getroffen und viel Not und Elend nach sich gezogen.

Zur Erinnerung sei aber festzuhalten, wir hatten die Bankenkrise, die sich über einer Finanzkrise und zur Weltwirtschaftskrise entwickelt hat und zur Staatenkrise auszuarten droht, nicht deshalb, weil sich die kriselnden Banken systemkonform verhalten haben, sondern weil skrupellos mit Hochrisikopapieren gezockt worden ist. Also ist das, was wir jetzt erleben, systemimmanent. Banken, die sich verschätzt haben oder deren Risikomanagement diesen Namen nicht verdient, stehen kurz vor dem Aus.

Die Einstufung als systemrelevantes Institut erfolgt in Deutschland einvernehmlich zwischen BaFin und Bundesbank. Der Begriff „systemrelevant" ist mithin inhaltlich ein Synonym für die Finanzdoktrin „too big to fail", was aussagt, dass ein Unternehmen ab einer bestimmten Größe aufgrund seiner wirtschaftlichen Verbundenheit mit anderen Unternehmen und den sich damit ergebenen Risiken für die Gesamtwirtschaft nicht insolvent gehen darf.

Das stupide Abgeben von Garantien für marode Banken untermauert nur, dass die Politik die Zeichen der Zeit nicht erkannt hat. Vergessen wir nicht, die Bankenkrise ist unter den Augen unserer Bankenaufsicht erst zur Krise geworden. Hätte das Heer von Revisoren und überbezahlten Aufsichtsgremien in den Bilanzen die verborgenen Risiken rechtzeitig erkannt, wären wir heute nicht in einer solch bedrohlichen Situation.

Das ganze Finanzsystem scheint nur den Menschen zu dienen, die schon viel Geld besitzen, weil diese sich nicht von den Banken, Versicherungen oder Bausparkassen und den Medien manipulieren lassen. Denn sie wissen, wie der Markt funktioniert. Sie lassen sich nicht mit den mickrigen Renditen der als sicher geltenden Lebens- und Rentenversicherungen, Bausparverträgen und Banksparprodukten abspeisen, fallen nicht auf die haltlosen Versprechen der Anbieter von Riester - und Rürup- Renten rein.

Sie nutzen schon seit jahrzehnten die Anlageformen im **Premium-markt**, lange bevor dieser für den Kleinanleger (und hierzu zählt aus Sicht der Banken auch noch der Besserverdienende, der 50.000 Euro anlegen kann) im Jahre 2004 auf Druck der Europäischen Union geöffnet wurde.

Wie auf den Seiten 30 ff beschrieben, bietet der Premiummarkt die einzige Chance, zweistellige Renditen zu erwirtschaften und eine breit gestreute Anlage in Sachwerte bietet dem Anleger und Sparer die notwendige Sicherheit und Schutz vor der zu erwartenden Inflation.

Deshalb ist auch klarzustellen. Mit den Renditen, die uns Banken, Versicherungen und Bausparkassen bieten, lässt sich ein sinnvoller Vermögensaufbau, der diesen Namen auch verdient, nicht bewerkstelligen.

Deshalb sind auch alle Anlagen unterhalb einer zweistelligen Rendite unter der Berücksichtigung von Inflation und Steuer sinnlos, weil sie niemals zum Ziel führen.

Deshalb sollten alle Sparer und Kapitalanleger alle ihre Kapitalanlagen unterhalb 10% Rendite umgehend kündigen und in kostengünstige, flexible, verfügbare und gehebelte Sachwertanlagen des Premiummarktes investieren. Beteiligungen an Unternehmen bieten hier den besten Schutz vor Interessenkonflikten zwischen Finanzinstituten und Anlegern. Beteiligungen an Unternehmen sorgen für Interessengemeinschaft.

Der Anleger profitiert am Gesamtergebnis des Unternehmens und muss sich nicht mit nur einem kleinen Teil des Gewinnes zufrieden geben.

Gold

Das vergangene Jahrzehnt ist unbestreitbar das Jahrzehnt des Goldes: Seit 2000 ist der Preis für die Feinunze auf Dollarbasis um 281 Prozent gestiegen, während man mit Aktien im gleichen Zeitraum im Durchschnitt auf Verlusten von 14 Prozent sitzen blieb.

Als langfristiges Investment hat sich Gold jedoch nicht bewährt. Wer 1981 zu einem Preis von damals 800 Dollar eingestiegen ist, hat unter Berücksichtigung der Inflation bis 2000 nichts verdient.

Über einen noch längeren Zeitraum gerechnet - seit Anfang der 70er Jahre - kam sogar noch weniger raus, da wäre man mit Aktien und sogar mit Bundesanleihen besser gefahren.

Sprichwörtlich ist eine Unze Gold immer einen Maßanzug wert, vor hundert Jahren wie heute.

Der Goldpreis wird seit dem 18. Jahrhundert am offenen Markt in London bestimmt.

Auch wenn Gold als eine sichere Anlage gilt, lässt sich doch an den folgenden Kursbeispielen zeigen, dass der Goldkurs auch sehr stark schwanken kann. So kostete die Feinunze Gold (ca. 31,1 Gramm) beispielsweise im Januar 1980 ca. 850 US-Dollar, im Juni 1999 war die Feinunze jedoch nur noch knapp über 250 Dollar wert. Im Dezember 2009 ist die Feinunze Gold wiederum mit ca. 1.200 US-Dollar auf einem neuen Allzeithoch angelangt.

Der Wert des Goldes hat sich also innerhalb von knapp dreißig Jahren zunächst fast geviertelt, um sich darauf hin wieder bis 2010 fast zu verfünffachen.

Ein wichtiger Grund für den Anstieg des Goldpreises ist unter anderem der Wertverlust des US-Dollars. Das in der US-Währung gehandelte Edelmetall wird so günstiger für diejenigen Käufer, die in anderen Währungen zahlen. Analysten führten den Run auf Gold aber auch auf Inflationssorgen und Zweifel an der Durchschlagskraft der Konjunkturerholung und der Wirksamkeit staatlichen Konjunkturprogramme zurück. Die Abwertung der US-Währung führte schließlich auch zu höherem Preis für andere Metalle und Öl.

"Gold ist eine Versicherung, aber keine sichere Anlage", bringt es Eugen Weinberg, Rohstoffexperte bei der Commerzbank, auf den Punkt.

Denn Gold dient zwar als Inflationsschutz und als Schutz des Kapitals, da sein Wert nicht auf Null sinken kann. Aber wenn die Risiken steigen, dann steigen auch die Kosten für diese Versicherung, auf Gold bezogen steigt dann auch der Preis.

Gold dient somit der Vermögenssicherung, zum Vermögensaufbau eignet es sich jedoch nicht.

Anleger, die trotz des enormen Preisanstiegs in Gold anlegen wollen, sollten allerdings aufpassen. Medaillen oder Sammlermünzen eignen sich nicht als Geldanlage, da sie neben dem Materialwert auch einen ideellen Wert beinhalten. Wie viel man bei einem späteren Verkauf erhält, hängt nicht allein vom Goldkurs, sondern auch von der Nachfrage nach der speziellen Münze ab.

Die Preisstellung von Goldbarren und von standardisierten Goldmünzen, für die täglich An- und Verkaufskurse ermittelt werden, ist dagegen weitaus verlässlicher. Die Münzen wie z.B. Krügerrand, Eagle, Maple Leaf, Britannia, Philharmoniker und Känguru werden in unterschiedlichen Größen angeboten. Die gebräuchlichste Maßeinheit, in der auch der Goldpreis ermittelt wird, ist eine Feinunze (ca. 31,1 Gramm).

Goldbarren gibt es schon ab 1 Gramm. Die Anlage in Kleinstbarren oder winzigen Münzen ist allerdings wirtschaftlich unsinnig, da der Unterschied zwischen An- und Verkaufskurs bei ihnen extrem hoch ist.

Denn: Beim Kauf von Gold muss ein Aufschlag auf den Kurs gezahlt werden, so dass der Ankaufspreis stets über dem Verkaufspreis liegt. Je kleiner die gekaufte Menge ist, desto größer ist dieser Aufschlag prozentual auf den Kilopreis.

(siehe Tabelle auf nächster Seite : Quelle DFB I/2010).

Kaufpreise	Aufschlag auf Kilopreis in Euro	Aufschlag auf Kilopreis in %
1.000 Gramm / 25.352,- Euro		
500 Gramm / 12.706,- Euro	+ 60,- Euro	0,24
250 Gramm / 6.378,- Euro	+ 160,- Euro	0,63
100 Gramm / 2.566,- Euro	+ 308,- Euro	1,21
50 Gramm / 1.301,- Euro	+ 668,- Euro	2,63
31,1 Gramm / 822,- Euro	+ 1.078,- Euro	4,25
20 Gramm / 539,- Euro	+ 1.598,- Euro	6,30
10 Gramm / 274,- Euro	+ 2.048,- Euro	8,07
5 Gramm / 274,- Euro	+ 3.648,- Euro	14,38
1 Gramm / 34,- Euro	+ 8.648,- Euro	34,89

Die Tabelle verdeutlicht aber auch , dass die sogenannten Gold-sparpläne, die seit einigen Jahren vermehrt angeboten werden, sich gar nicht rentieren können, da die Kosten für kleine Mengen einfach zu hoch sind. Darüber hinaus fallen hierbei natürlich auch noch er-hebliche Provisionen an. Es bietet sich da an, die selben Quellen zu nutzen, bei denen auch die Banken ihr Gold kaufen, bei den Edelme-tall - Handelshäusern.

Und: Bei Barren ist der Aufschlag meist größer als bei Münzen. Bei den Münzen richtet sich der Preis aber auch, wie bereits erwähnt, nach dem Sammlerwert, und nicht nur nach dem Goldpreis.

Wichtig ist jedoch : Investiert werden sollte immer in physisches Gold, also in Barren und nicht in Form von Wertpapieren. Dabei ist jedoch auch zu beachten, dass die Lagerung in der Regel ebenfalls Kosten verursacht und eine Lieferung nach Hause ebenso seinen Preis hat. Nur, was nutzt einem das wertvolle Gold in der Not, wenn es irgendwo im Ausland lagert und man nicht heran kommt ?

Bei Goldpapieren fällt wie bei Wertpapieren üblich ein Ausgabeauf-schlag von bis zu fünf Prozent an.

Barren und Münzen müssen in Deutschland weder beim Kauf noch beim Verkauf versteuert werden. Für Gold-Wertpapiere gilt dies nicht. Sie werden wie Aktien behandelt. Bisher war der Verkauf nach einem Jahr steuerfrei. Ab diesem Jahr werden wie bei Aktien 25 Prozent Abgeltungssteuer fällig.

Gold ist also nicht unbedingt die Lösung für alle Probleme, wie es so mancher „Experte" als Waffe gegen die Finanzkrise gerne darstellen möchte.

Das deutsche Geldvermögen im September 2009 betrug 4,641 Billionen Euro. Das meiste davon ist in Bargeld sowie in Sicht-einlagen auf Giro-, Spar- und Tagesgeldkonten geparkt, also in Anlageformen, an denen ausschließlich die Anbieter verdienen. Der Anleger hat wieder einmal, wie so häufig, das Nachsehen.

Das dies nicht unbedingt so sein muss und der Anleger ebenso wie die institutionellen Anleger, die Banken, Versicherungen und Groß-Investoren an dem großen Kuchen des Geldverdienens teilhaben können, hat dieses Buch, so hoffe ich, deutlich gemacht.

Finanzielle Unabhängigkeit ist somit für Jeden erreichbar.

Nachwort

Verehrte Leserin, verehrter Leser, dieses Buch erhebt keinen Anspruch auf Vollständigkeit bezüglich aller für eine Anlage relevanten
Informationen. Ich habe in diesem Buch die meiner Meinung nach
wichtigsten Informationen aufgeführt, über die ein Anleger verfügen
sollte, der sich um die derzeitige, wirtschaftliche Lage in Deutschland
sorgt und die finanzielle Situation der gesetzlichen Rentenversicherung kennt und weiß, dass er für seine finanziell gesicherte Zukunft
und seinen späteren Ruhestand mitverantwortlich ist.

So sind die hier aufgeführten Anlageformen Fonds und Dachfonds
und Produkte aus dem Premium-Markt nur unter den genannten
Voraussetzungen als Ersatz für die von den Verbraucherschützern
als unsinnige Kapitalanlage genannten kapitalbildende oder fondsgebundene Lebens – und private Rentenversicherung (*incl. der Ries-
ter- und Rürup - Renten, die nur unter ganz bestimmten, selten zu-
treffenden Bedingungen empfohlen werden sollten*) und
Bausparverträgen gedacht.

Die Vergangenheit hat bewiesen, dass Sachwerte in der oben beschriebenen Qualität mittel - bis langfristig immer die mit Abstand
besseren Anlageformen darstellten und die Geldwerte bei jeder Finanzkrise die großen Verlierer waren.

Durch die Anwendung des in diesem Buch aufgeführten Wissens
werden Sie in Zukunft auf der Gewinnerseite stehen. Nutzen Sie
diese Chance und ignorieren Sie die oft bescheidenen Angebote der
großen Banken, Versicherungen und Bausparkassen.

Lassen Sie Ihr Geld ab sofort nur noch für Sie arbeiten.

Viel Erfolg dabei wünscht Ihnen

Johann Samson

Quellenangaben :

Die Angaben der Quellen sind entweder auf den jeweiligen Seiten genannt oder über das Internet zu überprüfen. Darüber hinaus sind alle Angaben durch persönliche Internet-Recherchen bestätigt und auch für den Leser nachzuvollziehen.

Anhang

Der erste Schritt : 2. überarbeitet und ergänzte Auflage Januar 2010

Der Finanzmarkt ist in den letzten Jahren sehr starken Schwankungen und Veränderungen unterworfen, sodaß eine Aktualisierung und Erweiterung der ersten Auflage notwendig wurde.

Es bestätigt sich die in diesem Buch aufgeführte Feststellung, dass die Banken und Versicherungen ausschließlich ihre eigenen Interessen verfolgen und ihrem bestriebswirtschaftlichen Auftrag der Gewinnmaximierung auf fast brutale Art und Weise nachkommen.

Aktuelle Untersuchungen von verschiedenen Verbraucherschützern ergeben für die Beratung der Finanzinstitute überwiegend erschreckende Ergebnisse. Die Erwartung des Kunden, eine qualitativ hochwertige Beratung zur Erreichung seiner Ziele zu erhalten, wird nicht erfüllt.

Es zeigt sich immer stärker, dass die vom Kunden als „Banker ihres Vertrauens" bezeichneten Personen, einfach nur Verkäufer ihres Auftraggebers sind und die Produkte zu verkaufen haben, die die Gesellschaften ihnen vorgeben.

Eine ganze Reihe von Veröffentlichungen in der seriösen Presse belegen dies durch Aussagen der betroffenen Bankangestellten und Versicherungsvertretern selbst.

Die Wünsche und Ziele des Kunden bleiben hierbei leider nur allzu oft auf der Strecke.

Vielleicht verdirbt Geld tatsächlich den Charakter. Auf keinen Fall aber macht ein Mangel an Geld ihn besser.

John Steinbeck
(amerikanischer Schriftsteller (1902 - 1968)

Zitate

„Nach Ansicht der Finanzminister ist alles, was für Geld erworben werden kann, Luxus."

Ephraim Kishon (israelischer Schriftsteller (geb. 1924))

„Wenn man genug Geld hat, stellt sich der gute Ruf ganz von selbst ein."

Erich Kästner (deutscher Schriftsteller (1899 - 1974))

„Das Geld, das man besitzt, ist das Mittel zur Freiheit; das, dem man nachjagt, ist das zur Knechtschaft."

Jean Jacques Rousseau

„Der Mensch ist nicht frei, wenn er einen leeren Geldbeutel hat."

Lech Walesa (Polnischer Arbeiterführer und Politiker)

„Und das Lästige ist, wenn man gar nichts riskiert, riskiert man damit gerade mehr."

Erica Jong (Schriftstellerin)

„Geringfügige Chancen sind schon oft der Beginn großer Unternehmungen geworden."

Demosthenes (griechischer Politiker)

"Der große Vorteil des Reichtums besteht darin, dass man keine guten Ratschläge mehr zu hören bekommt."

André Kostolany